PLAIDOYER

Pour M. Charles-Arnold SCHEFFER.

DE L'IMPRIMERIE DE POULET,

QUAI DES AUGUSTINS, Nº. 9.

PLAIDOYER

PRONONCÉ

PAR M. MÉRILHOU, AVOCAT,

A l'audience du Tribunal de Police Correctionnelle de
Paris, le 17 Janvier 1818,

POUR

M. CHARLES - ARNOLD SCHEFFER,

Auteur de l'ouvrage intitulé

DE L'ÉTAT DE LA LIBERTÉ EN FRANCE,

Prévenu d'*écrits séditieux;*

Suivi de la Défense prononcée par l'Accusé,

A PARIS,

Chez {
PLANCHER, éditeur des *Œuvres de Voltaire* et du
Manuel des Braves, rue Poupée, n°. 7.
DELAUNAY, Libraire, Palais-Royal.

1818,

PRÉFACE.

Lorsque le projet de loi qui suspend de nouveau la liberté des journaux, a été présenté à
la chambre des pairs, M. le marquis de Lally-
Tolendal, rapporteur de la commission de cette
chambre, s'exprimait en ces termes, dans son
rapport, à la séance du 27 décembre 1817 (1) :

« Si la chambre accède au projet qui lui est
» présenté, elle n'aura point à se repentir de
» sa confiance. Ceux qu'elle va investir pour la
» quatrième fois d'un pouvoir extraordinaire,
» veilleront certainement, avec plus de scru-
» pule que jamais, pour que leurs agens n'en
» fassent aucun abus ; *et s'il était vrai, comme*
» *on le dit; que ces agens eussent quelquefois,*
» *dans les journaux qu'ils dominent, fermé*
» *l'accès à la défense, après l'avoir ouvert à l'at-*
» *taque; — si par eux les procès et jugemens*
» *avaient été dérobés à la connaissance de la*
» *société, qui a droit de vouloir en être informée,*

(1) Moniteur du 30 décembre 1817.

» *parce que son sort en dépend......* il fau-
» drait sans doute que ces griefs fussent re-
» dressés ....

   » Au surplus , continuait le noble pair, il est
» juste d'observer que si quelques-uns de ces
» griefs ont eu quelque fondement, ils ont été
» redressés. Les journaux prennent de jour en
» jour un caractère de franchise et de liberté
» dont tous les esprits sont frappés..... Il n'est
» donc pas vrai que des journaux , par cela seul
» qu'ils paraissent sous l'autorisation royale ,
» soient des journaux nécessairement asser-
» vis ...., on s'est souvenu, si on l'avait ou-
» blié un instant, qu'il serait également funeste
» aux intérêts, contraire à la dignité , et dan-
» gereux pour les sentimens d'une grande na-
» tion, et de loyaux sujets , d'ignorer ce qui se
» passe au milieu d'eux et autour d'eux ; *ainsi*
» *nous pouvons espérer que , même pendant la*
» *suppression de l'indépendance des journaux ,*
» *le caractère moral de l'autorité y placera ce*
» *que le privilége légal de la liberté n'aura pas*
» *encore le droit d'y insérer.* »

   D'après le caractère de la discussion sur les
journaux , et surtout d'après les expressions si
positives du rapporteur de la chambre des
pairs, il est difficile de douter que le principal
motif de la commission et de la chambre elle-

même, dans l'adoption du projet de loi, n'ait
été la certitude que les journaux, même asser-
vis, ne seraient plus fermés désormais à de
justes réclamations.

Vingt-deux jours sont à peine écoulés, et les
espérance que le noble marquis fondait sur le
caractère moral de l'autorité (de la police)
sont tout-à-fait démenties par une expérience
qu'on croit devoir soumettre au jugement du
public. Les lecteurs y verront une preuve de
l'impartialité de la police.

M. Scheffer à été traduit au tribunal de police
correctionnelle, comme prévenu d'écrits séditieux. Depuis long-tems il avait acquis la
preuve que des prohibitions sévères avaient été
faites à tous les journaux, de rendre compte au
public des débats de ce procès. Il y avait lieu de
croire que les auteurs de ces prohibitions se
respecteraient assez pour ne pas traiter différemment l'accusation et la défense, qui, aux
yeux des lois, jouissent d'une égale faveur,
toutes les fois que la défense n'est pas environ-
née de priviléges spéciaux.

Si la publicité de la défense pouvait avoir des
inconvéniens, divulguer l'accusation n'en avait
guère moins, puisque le public se trouvait par-
là mis dans la confidence des points sur lesquels devait rouler la discussion.

Ces idées de justice et d'impartialité n'ont pas prévalu à la police.

Dans le procès dont il s'agit, le ministère public a fait son devoir, en développant, à l'appui de l'accusation, les charges qäe le livre dénoncé lui présentait.

Le défenseur a fait le sien en repoussant l'accusation.

La police a donné à l'accusation, par l'organe de tous les journaux, la publicité la plus étendue. La justification du prévenu n'a pu trouver accès dans aucune feuille publique ; on a même été jusqu'à refuser l'insertion d'une simple lettre par laquelle le prévenù rectifiait certains faits relatifs à la qualité de Français que le ministère public lui refuse. Tous les journaux ont répété, comme à l'envi l'un de l'autre, qu'il était un séditieux, un ennemi de la France et de toute légitimité; plusieurs colonnes de chaque journal ont publié les développemens de ces allégations ; aucune ligne n'a été accordée à la défense. La France et l'Europe entière ont connu les reproches graves, les qualifications odieuses prodiguées à M. Scheffer: les preuves de son innocence n'ont pas dépassé l'étroite enceinte du tribunal de police correctionnelle.

Ainsi, M. le marquis de Lally-Tolendal avait tort d'espérer que les agens de l'autorité, dans les journaux qu'ils dominent, ne fermeraient plus l'accès à la défense, après l'avoir ouvert à l'attaque.

Qu'on ait employé de semblables procédés à l'époque des élections, pour essayer de diffamer certains candidats populaires, tout en leur fermant la bouche ; cela peut se concevoir, quoiqu'on n'y puisse trouver ni noblesse ni loyauté. Un grand intérêt pouvait commander l'emploi de ces moyens, sans le légitimer ; il s'agissait d'éviter le choix d'une députation qu'on redoutait.

Dans le procès actuel, aucun intérêt ne pouvait excuser une partialité aussi affligeante pour la réputation du prévenu. Réputé innocent jusqu'à condamnation, il est assez malheureux par sa position même, sans qu'on cherche à le présenter sous un jour odieux à des millions de lecteurs qui ne connaîtront jamais sa justification.

La police, qui a doté son autorité du monopole du commerce des faits contemporains, aurait-elle donc, à notre insu, compris dans son apanage le droit de disposer d'avance de l'honneur des citoyens, pendant qu'ils sont soumis encore à la jurisdiction des tribunaux ordinaires?

D'un autre côté, dans les procès politiques, le droit de dérober arbitrairement à la connaissance du public telle ou telle partie des débats est pernicieux à l'intérêt de la société. C'est une vérité que le rapporteur de la chambre des pairs a solennellement reconnue.

La publicité des débats, en matière de petit et de grand criminel, est imposée par la Charte. Sa nécessité est fondée sur le droit qu'a la société de connaître jusques dans leurs détails les motifs qui peuvent la priver d'un de ses membres.

On voit bien dans les lois ordinaires que les cours et les tribunaux ont le droit, lorsque la nature de la cause l'exige, d'ordonner la discussion à huis clos : mais on n'a vu nulle part que la police ait le droit de prendre des mesures pour que des débats que la sagesse des tribunaux laisse publics, soient néanmoins dérobés à la connaissance du public. C'est cependant ce qui arrive si les journalistes, qui en sont les témoins comme le reste du public, ne peuvent pas en rendre un compte complet et fidèle ; il arrivera donc que la partie du public qui est hors de la salle de l'audience n'aura que des idées erronées sur les motifs qui auront fait priver un citoyen de sa vie, de l'honneur ou de la liberté. Cette erreur est un malheur que la Charte a voulu prévenir, et qui ne devrait pas exister dans un pays libre ; mais lorsque cette erreur porte précisément sur les circonstances que le prévenu avait intérêt de ne pas laisser ignorées, si cette erreur tend à donner à un innocent la réputation d'un coupable, ou à ôter au coupable lui-même les excuses ou les justifications que la loi avait préparées, l'erreur dont on parle serait plus affligeante encore. Si cette erreur était le résultat de la volonté d'un pouvoir supérieur appliqué à étouffer la voix d'un simple individu, ce pouvoir ne serait à coup sûr pas exempt de reproches, quoiqu'il réponde toujours à ceux qu'on lui adresse, par la simple affirmation du dogme politique de son infaillibilité.

Dans les procès politiques, cette publicité est désirable pour l'autorité judiciaire, qui a par-là la certitude que la nation ne verra pas des victimes dans des condamnés dont le crime et les excuses auront été franchemens manifestés.

Les procès qui roulent sur les abus de la presse ont encore un besoin particulier d'une entière publicité, pour que la condamnation produise l'effet de détourner par l'exemple. Qu'on punisse un assassinat ou un vol, le jugement n'aura à changer les idées de personne sur la nature de ces deux actes, dont le caractère moral et légal est au-dessus de l'ambiguité. Mais qu'on punisse comme séditieux tel ou tel écrit, l'expression de tels ou tels vœux, la révélation de tels ou tels abus , ou l'emploi de certaines formes de langage ; le public doit nécessairement connaître de telles décisions , pour y conformer sa conduite , en évitant des actes dont la criminalité peut être équivoque , mais qui doivent être évités par cela seul que l'expérience en a constaté le danger.

La publication de l'accusation et de la condamnation ne remplirait pas ce but d'utilité générale : car une discussion qui n'est pas contradictoire ne montre qu'un des côtés du sujet, et celui qui parle toujours seul a toujours raison.

Il faut donc que la défense soit complettement publiée : car sans cela les lecteurs qui n'auraient lu que l'accusation ne connaîtraient que la moitié de la vérité : et des demi-vérités ressemblent beaucoup à des erreurs.

Les fonctionnaires qui donnaient aux journaux une importance telle qu'ils attachaient le salut de la France à la conservation de leur direction , devraient bien se souvenir que ces moyens de communication si prompts , si rapides , si généraux et si redoutables dans leurs effets , ne doivent jamais être ouverts à l'attaque sans l'être en même tems à la défense. En fermant la bouche à tout le monde , on ne peut produire que l'ignorance : or l'ignorance vaut mieux que l'erreur.

Un citoyen jaloux de son honneur aimerait mieux rester toujours inconnu , que d'apparaître aux yeux du public sous des couleurs odieuses qu'il lui sera impossible de détruire ou d'atténuer.

A la vérité , lorsqu'un procès politique n'est parvenu à la connaissance du public que par fragmens, et surtout par des fragmens que la police a choisis , elle aura bien plus de facilité ensuite pour égarer sur ce point l'opinion, si les questions qui s'y rattachent peuvent tenir en quelque chose à l'intérêt général. Ce système est même le seul qui puisse mettre à l'abri des réclamations ou des remarques qui peuvent s'élever dans le sein des deux chambres ; remarques souvent incommodes, et toujours bonnes à éviter, comme l'a prouvé une expérience récente. Pour éviter à la police le désagrément de voir ses décisions exposées à la controverse, on sent qu'il vaut beaucoup mieux froisser l'intérêt public, l'intérêt particulier, et même les règles de la justice.

Il était du devoir du défenseur de faire connaître au public la justification du prévenu, pour suppléer à ce qu'on aurait dû équitablement attendre de la générosité de l'autorité. On a cru aussi qu'il convenait de réclamer contre les précautions qui ont été prises pour fermer au prévenu l'accès des feuilles publiques. Quand les députés ou les pairs se plaignent de l'abus que la police fait du monopole des journaux, le ministre ne manque jamais de répondre : *Quelles sont les réclamations qui ont été repoussées ? quels sont les abus d'autorité dont la publication a été interdite ? voyez si les journaux disent rien de semblable.* Ainsi la même puissance qui peut abuser de son autorité, lorsqu'elle a à sa disposition les seuls moyens de signaler ces abus, cite toujours l'impossibilité de se plaindre comme une preuve qu'on n'a pas à se plaindre. *Ubi solitudinem faciunt, libertatem appellant.*

PLAIDOYER

PRONONCÉ

PAR M. MÉRILHOU, AVOCAT,

A l'audience du Tribunal de Police Correctionnelle de Paris,
le 17 Janvier 1818.

POUR

M. CHARLES-ARNOLD SCHEFFER,

Prévenu d'*écrits séditieux*.

M ESSIEURS,

La méfiance de nos propres forces, qui nous accompagne toujours dans l'exercice de notre ministère, devait s'accroître aujourd'hui par la nature de la tâche
qui nous amène devant vous. La tribune nationale re-
tentit encore des derniers accens de ces voix éloquentes
qui naguère ont développé avec tant de sagesse et
d'énergie les avantages de la liberté de la presse :
après eux je viens pour la seconde fois, dans cette
enceinte, vous entretenir encore de ce droit sacré sans
lequel tout les autres seraient facilement envahis. Ne
dois-je pas craindre de vous fatiguer par d'inutiles ré-
pétitions, et d'affaiblir, en les reproduisant, les doctrines constitutionnelles des députés de la France?

Toutefois je me rassure en me souvenant que dans
les matières politiques, reconnaître ou établir des vé-

rités abstraites, n'est pas tout encore pour le bien public. Convertir ces vérités en pratique , mettre les droits en usage , déterminer la limite précise où commence l'abus, examiner les questions dont on peut sans crime occuper l'attention des citoyens , quels sont les vœux , les besoins dont un écrivain peut se rendre l'organe ; c'est une tâche qui ne manque ni d'importance, ni d'utilité.

Telle est la nature de nos institutions, que de semblables développemens , qu'on peut regarder comme le supplément d'une législation incomplète, ne peuvent intervenir que dans les débats judiciaires. Là seulement tous les doutes sont précisés et débattus. Là , une discussion contradictoire amène tôt ou tard , en faveur des principes , et par la seule force de la raison , soit des aveux solennels , soit de tacites concessions ; et l'opinion publique , auxiliaire nécessaire du gouvernement représentatif , s'éclaire toujours dans ces grands démêlés.

Ainsi, depuis le moment où l'existence de la liberté de la presse a été proclamée par une bouche ministérielle , si quelques écrivains se sont élancés avec plus de zèle que de prudence dans cette carrière inconnue ; si des écueils inapperçus ont arrêté ou suspendu leur élan généreux , leurs malheurs ou leurs fautes même ont tourné au profit des principes. Aujourd'hui les incertitudes, d'abord inséparables d'une législation nouvelle , ont disparu sans retour , et la main du tems a introduit et consacré dans notre jurisprudence constitutionnelle des vérités qu'on avait tour-à-tour repoussées , méconnues ou éludées.

Une nouvelle expérience amène aux pieds de votre tribunal un écrivain qui depuis long-temps a consacré ses travaux à la plus haute politique. Les intérêts des peuples et l'influence que de nouvelles opinions doivent exercer sur les transactions des cabinets , la balance de l'Europe , les dangers que peut lui faire courir la puissante ambition d'un peuple insulaire , ont tour-à-tour fait l'objet de ses veilles et de ses méditations. Déjà plusieurs ouvrages publiés sur ces hautes questions , ont soumis au jugement des publicistes contemporains , et les vues de cet écrivain et ses titres à la confiance de ses lecteurs.

Il ne m'appartient pas de prononcer sur le mérite littéraire et politique de ces productions si variées et si relevées. L'éloge du client serait suspect dans la bouche du défenseur ; toutefois on ne pourra nier qu'on n'y trouve à chaque page l'empreinte d'une âme noble et courageuse, et d'un esprit élevé , souvent des apperçus neufs , et de vastes connaissances positives ; on y voit surtout cette douce philantropie qui tend à faire disparaître d'entre les peuples les haines nationales , pour les unir tous par les liens d'un commun intérêt , et de cette bienveillance mutuelle si propre à consoler l'humanité.

Quand on songe que cet écrivain atteint à peine l'âge où la loi donne la robe virile , quand on songe que ces études sévères, ces travaux relevés, ces recherches utiles, ont rempli les jours et les nuits que semblaient réclamer les jeux de l'adolescence, quel censeur rigoureux pourrait refuser son estime au jeune et courageux écrivain traduit en ce moment à la police correctionnelle ?

Dès l'entrée de cette cause, on a cherché à jeter sur la personne du prévenu une certaine défaveur, en proclamant qu'il est Hollandais, et en lui refusant la qualité de Français. Quoique dans mon opinion la qualité de

2

M. Scheffer ne puisse pas influer sur la criminalité du fait dont il est accusé, il attache tant de prix aux droits de citoyen Français, qu'il ne veut laisser aucune espèce d'incertitude sur cette noble partie de son existence.

Il est né à Dordrecht, département des Bouches-de-la-Meuse, ci-devant Hollande, le 5 mai 1796.

La Hollande ayant été réunie à l'empire français en 1810, il est devenu Français, avec les mêmes prérogatives civiles et politiques que les anciens Français : c'est une clause formelle de l'acte de réunion.

Peu de tems après la réunion, lui et sa famille se sont établis à Paris, où ils ont transféré leur domicile et le siége de leur fortune.

Le traité du mois de mai 1814 a rendu la Hollande à son ancienne indépendance.

Le gouvernement français a senti la nécessité de fixer l'état des Hollandais établis en France, d'après des principes différens de ceux qui régiraient de simples étrangers.

Dans ces vues, le Roi a proposé et les chambres ont adopté la loi du 14 octobre 1814, qui tranche la difficulté élevée par le ministère public.

Voici le texte de cette loi. :

Louis, par la grâce de Dieu, etc.

Nous sommes informés qu'il s'est élevé des difficultés sur l'exécution de notre ordonnance du 4 juin dernier, qui, n'admettant à siéger à la Chambre des pairs et à celle des députés qu'après avoir obtenu par d'importans services des lettres de naturalisation vérifiées dans les deux Chambres, ne laisse pas de maintenir les dispositions du code civil relatives aux étrangers et à leur naturalisation.

Il nous paraîtrait injuste d'exiger, aux termes du code civil et de la constitution du 22 frimaire an 8, une déclaration préalable et dix ans de domicile de ceux qui, se regardant comme Français, n'avaien eu aucune déclaration à faire pour transporter leur domicile dans l'intérieur du royaume, y former des établissemens.

Nous avons jugé que l'acte même de la réunion de leur pays à la France devait leur tenir lieu de déclaration particuliere, et que s'ils ont exercé pendant dix ans les droits de citoyen français, il leur suffisait de déclarer l'intention de les conserver, pour continuer à jouir des droits civils et politiques, à l'exception de ceux réservés par l'art. 1 de l'ordonnance du 4 juin.

Nous n'avons pas jugé moins équitable de précompter, sur les dix années que la loi exige pour acquérir un domicile en France, les années qui se sont écoulées depuis la réunion au royaume des provinces qui n'en font plus aujourdh'ui partie, et de faire cesser ainsi l'incertitude qui existe sur l'état de plusieurs individus qui étaient déjà Français par leur domicile, ou sur le point de le devenir.

A ces causes, etc.

ART. 1. Tous les habitans des départemens qui avaient été réunis au territoire de la France depuis 1791, et qui, en vertu de cette réunion, se sont établis sur le territoire actuel de la France, et y ont résidé sans interruption depuis dix années, et depuis l'âge de 21 ans, sont censés avoir fait la déclaration prescrite par l'art. 3 de la loi du 22 frimaire an 8, à charge par eux de déclarer, dans le délai de trois mois à dater de la publication des présentes, qu'ils persistent dans la volonté de se fixer en France.

Ils obtiendront, à cet effet, de nous des lettres de *déclaration de naturalité*, et pourront jouir, dès ce moment, des droits de citoyen français, à l'exception de ceux réservés par l'art. 1 de l'ordonnance du 4 juin, qui ne pourront être accordés qu'en vertu de lettres de naturalisation vérifiées dans les deux Chambres.

ART. 2. Ceux qui n'ont pas encore dix ans de résidence réelle dans l'intérieur de la France, acquerront les mêmes droits de citoyen français le jour où leurs dix ans de résidence seront révolus, à charge de faire, dans le même délai, la déclaration susdite.

ART 3. A l'égard des individus nés et domiciliés dans des départemens qui, après avoir fait partie de la France, en ont été séparés par les derniers traités, nous pourrons leur accorder la permission de s'établir dans notre royaume, et d'y jouir des droits civils ; mais ils ne pourront exercer ceux de citoyen français qu'après avoir fait la déclaration prescrite, après avoir rempli les conditions imposées par la loi du 22 frimaire an 8, et avoir obtenu de nous des lettres de déclaration de naturalité.

Cette loi ne peut être sainement entendue que dans sa combinaison avec l'article 9 du code civil. Elle établit en effet un système de faveurs et de priviléges pour les personnes nées dans des pays qui ont fait partie de la France, et domiciliées dans l'intérieur de la France. On leur attribue des droits et des faveurs que n'auraient pas les simples étrangers ; mais parmi ces demi-Français (si l'on peut ainsi parler) ceux qui n'avaient pas vingt-un ans à l'époque de la loi de 1814, sont-ils pour cela déchus du bénéfice de leur naissance et du droit conféré par la réunion de leur pays? Et, à cause de leur jeunesse, redeviennent-ils étrangers après avoir été Français? La faiblesse de leur âge, qui est toujours un motif de faveur, doit-elle leur être opposée comme un titre de réprobation? Non, une pareille rigueur ne peut caractériser la loi française; et c'est ici que le droit commun fixé par l'article 9 du code civil doit reprendre tout son empire. De même qu'à sa majorité l'enfant de l'étranger né en France est admis par cet article 9 à devenir Français, au moyen d'une simple déclaration, de même le jeune homme qui, s'il eût été majeur en 1814, aurait pu completter sa qualité de Français à cette époque, par une simple déclaration, doit avoir aujourd'hui la même faculté après l'accomplissement de sa majorité ; par cette déclaration il complette le droit que lui avait donné la naissance et l'acte même de la réunion de son pays.

Ainsi, par le bénéfice de cette loi, les Hollandais établis en France sont restés Français au moyen de leur simple déclaration ; ainsi, ils n'ont pas besoin de l'autorisation du gouvernement pour y résider : ainsi, ils jouissent *provisoirement* de tous les droits de citoyen français, excepté de celui de siéger dans les deux chambres, et ils n'ont pas besoin de lettres de naturalisation, mais bien de lettres de déclaration de naturalité. On ne les naturalise pas, on déclare qu'ils sont *naturels fran-çais*.

Et le ministère public, en raisonnant pour eux comme il l'aurait fait pour un Prussien ou un Anglais, a tout-à-fait perdu de vue la loi du 14 octobre 1814.

Maintenant M. Scheffer a-t-il profité de la faculté que lui donne cette loi ?

Oui, sans doute.

(Lire la déclaration faite à la mairie du 11e. arrondissement, le 23 juin 1817.)

Il est étranger, vous a-t-on dit, de quel droit vient-il soumettre à sa censure nos institutions et nos lois?

Quoi! il n'est pas Français, celui qui, né dans une république, autrefois partie intégrante de la France, et devenu, par la réunion, Français de naissance, a refusé de reconnaître l'autorité des traités qui devaient le séparer de la nouvelle patrie que son cœur chérissait!

Mais il est Français comme tant d'autres citoyens illustres qui, devenus Français, ont pensé que ce nom, si grand autrefois, était trop noble encore pour être librement répudié! Il est Français comme les Corvetto, les Masséna, les Verhuel, les Dalbérg, comme tant de guerriers, d'hommes d'état, qu'un traité fit Français et qu'un traité n'a pu faire cesser de l'être.

Comme eux, quoique dans un rang moins éminent, M. Scheffer a servi la France de toute la puissance de son cœur et de son talent. Parcourez tous ses écrits: toujours ses travaux ont pour but le bonheur et la gloire de sa patrie nouvelle. Voyez comme il cherche à adoucir par l'espérance le souvenir de nos grandes catastrophes, et comme il présente toujours aux nations de l'Europe le peuple français comme un objet d'espérance et de respect, comme un modèle de vertus politiques et de véritable liberté.

Ainsi donc , il est Français par les lois, il est Français par le cœur, Français par ses services , par ses espérances et et ses regrets. Voilà son titre pour s'occuper des intérêts de sa patrie nouvelle ; voilà son titre pour rechercher ce qu'il croit utile à cette mère adoptive, et pour le publier avec la sincérité d'une ame noble et pure. — Lorsque tant d'écrivains nés Français consacrent leurs veilles à flétrir les lauriers de leur pays, et à souffler autour d'eux le désespoir et la discorde , sachons quelque gré à l'étranger qui , devenu notre frère de la veille, se rend solidaire pour nous , dans les jours du malheur, pour le présent et pour l'avenir.

Qu'on cesse donc d'alléguer cette chimérique qualité d'étranger pour aggraver la position de M. Scheffer ; ou plutôt qu'on la remarque comme une circonstance qui rendrait plus respectables encore les services que nous auraient rendus ses écrits, et qui ne saurait augmenter la peine qu'il aurait encourue si vous le jugiez répréhensible.

Mais, d'ailleurs, quand la loi d'octobre 1814 n'existerait pas , quand M. Scheffer n'aurait pas fait la déclaration que cette loi prescrit, serait-il vrai, comme l'a dit le ministère public, que vous dussiez le juger par des principes différens de ceux que vous appliqueriez à un Français ? Serait-il vrai que vous puissiez avoir deux poids et deux mesures, et déclarer vertu dans un Français , ce que vous puniriez le lendemain comme un crime dans un étranger ? Je ne le pense pas, et une pareille supposition me semble injurieuse à l'impartialité de nos lois.

Mais, dit-on, la Charte ne donne la liberté de la presse qu'aux Français.

D'abord, la Charte ne confère pas ce droit ; elle le reconnaît : cent lois antérieures l'avaient reconnu déjà ; car le droit d'exprimer sa pensée est aussi ancien et aussi sacré que le droit même de la pensée. La Charte déclare que ce droit appartient aux Français, mais ne le refuse pas aux étrangers.

Au surplus, de quoi s'agit-il ici ? il s'agit de l'application d'une loi pénale, de la punition d'un délit : le délit existe-t-il avec les caractères voulus par la loi ? voilà toute la question. Et pour cela vous n'avez pas besoin de savoir où est né le prévenu, mais ce qu'il a fait. Si le délit n'est pas constant, ou caractérisé, vous devez absoudre ; s'il est constant, vous devez punir son auteur, qu'il soit Américain ou Anglais, Espagnol ou Français.

Tous les jours ne voyons-nous pas les étrangers jugés comme les Français, par des jurés, et avec les formes protectrices de leur innocence ? Quel étranger a jamais réclamé en vain la protection de nos lois ? Serait-il donc évanoui ce caractère d'une généreuse hospitalité qui distinguait nos pères ? Les étrangers qui viennent jouir de nos arts, de nos mœurs, de notre climat, ne pourraient-ils donc pas jouir de nos lois ? Auraient-ils à consulter d'autres règles de conduite que celles suivies par nous-mêmes ? et devraient-ils s'interdire comme des crimes, des actes qui pour nous seraient sans inconvénient et sans danger ?

Non ; aucune loi ne dégrade à ce point le caractère national : que tout, parmi nous, soit franc et généreux, les mœurs comme les lois.

Le titre de la prévention qui amène devant vous M. Scheffer, est le délit prévu par les art. 5, 8 et 9 de la

loi du 9 novembre 1815. Notre devoir est donc d'examiner jusqu'à quel point les passages relevés par le ministère public, présentent les caractères de criminalité
déterminés par cette loi. La négative ne sera pas difficile à établir.

Il ne nous appartient pas de faire la critique de la loi
de novembre 1815 : improvisée au milieu des orages,
elle n'a peut-être pas cette précision de rédaction si nécessaire quand il s'agit de caractériser des crimes.

Quoi qu'il en puisse être, elle existe, elle règne ; il
faut donc l'appliquer, il faut donc l'entendre ; il faut
limiter l'étendue de ses flexibles dispositions.

Les art. 5, 8 et 9 de la loi de novembre punissent
*les écrits imprimés, par lesquels on aurait provoqué in-
directement à tenter d'affaiblir, par des calomnies ou
des injures, le respect dû à la personne ou à l'autorité
du roi.* Ces expressions sont les propres termes employés par la loi.

L'application des mots *provocations indirectes* a toujours présenté de grandes difficultés, sans doute parce
que ces deux mots sont étonnés de se trouver réunis,
et que le mot *provocation* suppose essentiellement
quelque chose de direct et même d'immédiat.

Quoi qu'il en soit, après de longues incertitudes, il
est des principes sur lesquels on commence à être
d'accord.

Ainsi, en convenant que l'intention, plutôt que les
termes, doit être consultée dans la recherche de ce
délit, le ministère public déclare aujourd'hui que *vous
ne devez pas fatiguer une expression insignifiante, pour
en faire sortir des cris séditieux, et, par une série de
conséquences forcées, trahir l'intention d'un auteur, et*

pour ainsi dire enfanter vous-mêmes le délit dans le tra-
vail d'une interprétation servile (1).

Ces principes sont vrais ; ils sont justes, et il était digne de la sagesse du ministère public de les proclamer avec tant d'énergie. C'est donc l'intention générale de l'auteur que vous devez consulter, et non pas telle ou telle expression échappée dans le feu d'une composition rapide. Vous devez donc rechercher si l'intention générale de l'auteur a été de provoquer, même indirectement, à tenter de porter atteinte, par des calomnies ou des injures, au respect dû à la personne du roi. Il faut donc que vous cherchiez ces calomnies ou ces injures :

« (1) Cette manière de raisonner n'est pas bonne, qui, em
» ployée contre quelque bon livre que ce soit, peut le faire trou
» ver aussi mauvais que quelque mauvais livre que ce soit, et qui,
» pratiquée contre quelque mauvais livre que ce soit, peut le faire
» trouver aussi bon que quelque bon livre que ce soit.

» Cette manière de raisonner n'est pas bonne, qui, aux choses
» dont il s'agit, en rappelle d'autres qui ne sont point accessoires,
» qui confond les diverses sciences et les idées de chaque science.

» Lorsqu'un auteur s'explique par ses paroles ou par ses écrits
» qui en sont l'image, il est contre la raison de quitter les signes
» extérieurs de la pensée pour chercher ses pensées, parce
» qu'il n'y a que lui qui sache ses pensées ; c'est bien pis lorsque
» ses pensées sont bonnes, et qu'on lui en attribue de mauvaises.

» Quand on écrit contre un auteur, et qu'on s'irrite contre
» lui, il faut prouver les qualifications par les choses, et non les
» choses par les qualifications......

» Cet art de trouver dans une chose qui naturellement a un
» bon sens, tous les mauvais sens qu'un esprit qui ne raisonne
» pas juste peut lui donner, n'est point utile aux hommes ; ceux
» qui le pratiquent ressemblent aux corbeaux, qui fuient les corps
» vivans, et volent de tous côtés pour chercher les cadavres. »

Ainsi s'exprime Montesquieu, Défense de l'Esprit des Lois,
3e. partie.

il faut que la partie qui accuse en indique le siége et l'expression ; car les calomnies et les injures entrent comme élément nécessaire dans le délit que la loi de novembre veut punir.

Depuis que les questions de la liberté de la presse s'agitent devant les tribunaux, le sens du mot *calomnies* ou *injures contre le roi*, après avoir menacé les citoyens par une extension indéfinie, a été fixé aux calomnies ou injures qui s'appliquent à la personne même de S. M.

Ainsi aujourd'hui l'on doit avancer, comme une proposition fondamentale et désormais incontestée, que l'on peut sans crime examiner et critiquer les actes du gouvernement, et qu'attaquer les ministres ce n'est pas attaquer le roi.

On peut ajouter encore que toutes les réflexions relatives à des actes du pouvoir exécutif, doivent s'entendre des ministres, et non pas de la personne même du roi.

S'il est vrai que tout ministre soit responsable devant la Chambre, et que tout acte signé d'un ministre peut donner lieu à cette responsabilité, soit que la signature royale accompagne ou non la signature ministérielle ; il faut tenir aussi que tout acte et tout homme sujet à la responsabilité légale devant la Chambre, l'est aussi par conséquent à la responsabilité morale devant l'opinion, c'est-à-dire qu'il est justiciable de la liberté de la presse.

Ces maximes ont pu déplaire d'abord par leur nouveauté ; mais enfin elles sont la conséquence des premiers principes du gouvernement représentatif ; elles ont pour elles des jugemens et des arrêts, la doctrine invariable de la tribune nationale, et l'assentiment de tous les publicistes de tous les partis.

Un ministère fort de ses talens et de ses intentions ne reculera point devant cette double responsabilité: un ministère veritablement constitutionnel préférera un parti périlleux, seulement pour l'amour-propre de ses membres, à la plus légère atteinte portée aux prérogatives nationales.

Dans tout gouvernement où les vœux, les besoins, les souffrances du peuple sont comptés pour quelque chose, il est de l'intérêt de l'autorité *publique,* comme de l'intérêt des citoyens, que ces vœux, ces besoins, ces souffrances soient connues le plus promptement possible, et connues sans altération, et dans toute leur sincérité, afin qu'elles retentissent jusqu'à l'oreille du monarque, qui ne peut vouloir que le bien, et à qui l'on n'a besoin que de faire connaître le mal, pour que le mal soit corrigé.

Comme la possibilité de l'abus est une suite de la liberté de l'usage, il arrivera sans doute plus d'une fois que des souffrances imaginaires seront alléguées, que des griefs réels seront exagérés; mais le cri de la presse est un avertissement, et non pas une loi, pour l'autorité. Du moins l'examen des faits aura été provoqué; la discussion s'ouvrira sur des questions importantes: la vérité se fera jour; les exagérations disparaîtront; les impostures seront démasquées, et l'opinion publique ne recueillera que les faits et les principes dignes d'être remarqués.

Dans l'état actuel de nos institutions politiques, toute pétition collective est interdite; toute réunion des citoyens ayant pour objet de soumettre leurs vœux à l'autorité supérieure est prohibée; l'impression est donc la seule voie permise pour énoncer des griefs, des besoins, des souffrances, et pour en provoquer l'adoucissement.

Il faut donc qu'un citoyen commence par exprimer ce qu'il croit dans le vœu de tous. S'il s'est trompé, l'autorité ne manquera pas de voix qui s'élèveront pour le démentir; car il y en a toujours pour prouver qu'elle est infaillible. Mais si aucun contradicteur ne s'est élevé, si d'autres voix ont précédé ou suivi celle de l'écrivain dont on parle, alors du moins l'examen est ouvert, et le citoyen qui l'a provoqué a bien mérité de son prince et de son pays.

Ainsi, toutes les fois qu'un écrit politique vous sera déféré, vous devez rechercher quel a été le but de son auteur, quelles intentions ont dirigé sa plume. A-t-il voulu ébranler l'obéissance due à l'autorité, ou bien n'a-t-il eu en vue que le redressement de quelques abus, l'adoucissement de quelques souffrances, ou la propagation de quelques vérités qu'il a pu croire utiles?

Lorsqu'un écrivain n'aura eu que le désir d'être utile, quand l'exactitude des faits qu'il a relevés défie la critique et la contradiction; quand ses vues seront en général saines et justes, et appuyées de l'autorité imposante des citoyens les plus recommandables; quand vous trouverez à chaque ligne l'amour ardent du bien public, l'élan d'une ame généreuse, ennemie de l'oppression, amante passionnée de l'indépendance, pourquoi soumettre ses pensées à cette désolante méthode qui substitue les mots aux mots, les pensées aux pensées, les conséquences aux principes, les principes aux conséquences, pour recomposer ensuite avec toutes ces parties mutilées, un corps nouveau dont l'auteur ne soupçonnait pas l'existence?

Vainement prouvera-t-on, à l'aide de toutes ces trans-
formations, que l'auteur a *indirectement provoqué à une
atteinte indirecte au respect dû à l'autorité royale.*

Je répondrai toujours avec les principes , que pour
qu'un abus soit redressé, il faut qu'il soit connu, et qu'il
ne peut l'être que par la révélation qu'en fait un auteur véridique. Or tout abus suppose le vice de la loi, ou
la faute du fonctionnaire. Si accuser les fonctionnaires,
ou constater, par des faits irrécusables, l'impuissance des
lois c'est porter des atteintes doublement indirectes à l'autorité royale; si ces atteintes sont de ces délits créés par
la loi du 8 novembre, ne serait-ce pas dire, en d'autres
termes , que critiquer les abus des hommes et les imperfections des lois est un crime , et que la loi qui protège la majesté royale, protège aussi la majesté des
abus? N'est-ce pas déclarer, d'une manière non équivoque , que la liberté de la presse est une chimère , ou du
moins n'est-ce pas le dégrader de sa noble destination ,
que de la réduire à n'être plus qu'un instrument frivole,
sans utilité pour les grands intérêts nationaux?

Mais non : une erreur aussi dangereuse ne sera point
accréditée dans cette enceinte ; et la liberté de la presse,
qu'on a si souvent appelée le palladium de toutes les autres libertés, restera à vos yeux, comme elle l'est
dans l'édifice constitutionnel , l'organe le plus fidèle des
besoins publics , et des abus à réformer ; organe nécessaire au peuple pour qu'il soit soulagé , organe nécessaire surtout au monarque, qui, sans ces communica-
tions faciles et sûres, étranger à ses sujets, isolé au milieu de son palais, serait livré à la merci des ministres,
dont la volonté pourrait ainsi se jouer impunément de sa
bienveillance et de ses paternelles sollicitudes.

Examen des passages attaqués.

Ces principes une fois admis (et certes les contester serait bien difficile), il ne reste plus qu'à examiner, les uns après les autres , les passages où le ministère public a trouvé la preuve que l'écrit de M. Scheffer était un libelle séditieux. La justification de ces passages doit précéder l'examen de ce qu'on a appelé le système général de l'ouvrage. J'espère prouver que cet écrit ne rentre par aucune de ses parties dans les définitions criminelles de la loi de novembre 1815 , et que l'intention générale de l'auteur a été louable, et son but utile.

Le ministère public a cru voir dans l'ouvrage attaqué deux délits distincts, le délit de sédition et celui de calomnie. Il a cru devoir les établir l'un après l'autre, avec des interprétations de divers passages de l'écrit dénoncé. Cette marche sera la nôtre , car il faut bien que la justification embrassse tout ce qui a été atteint par l'accusation.

Le premier de ces délits, dans l'ordre de leur importance, est celui de sédition. L'on a placé la preuve de ce délit, ou, pour mieux dire, le corps du délit lui-même dans les pages 11, 13, 23, 41, 55 et 56. Voyons quelles sont les pensées ou les expressions qui ont reçu une interprétation séditieuse, si contraire à la pensée de l'auteur.

Le passage cité dans la pag. 11 est ainsi conçu :
« *Mais la chambre des représentans fut courageuse*
» *jusqu'au dernier jour : et le 8 juillet encore, elle en*
» *donna une preuve remarquable par sa protestation de*
» *ce jour.* »
Pour comprendre le véritable sens que l'auteur a voulu donner à cette phrase, il faut reprendre le passage tout entier.

« Cette chambre fut la seconde de nos assemblées qui conservèrent leur indépendance. Sa courte session de deux mois l'a illus-
trée pour toujours, et ses travaux ne sont point peut-être entiere-
ment perdus pour la postérité.

» Il est fâcheux que cette chambre n'ait pas, dès le premier
moment, comme le voulaient quelques patriotes marquans, mis
plus de confiance dans le patriotisme du peuple français que dans
le talent d'un général ; qu'elle n'ait pas jugé, comme l'a depuis
avoué ce général, « qu'on ne défend pas les Thermopyles en
chargeant ses armes en douze temps. » Mais, lorsqu'après avoir
abandonné son armée, et ayant encore à Paris de grands moyens
contre cette chambre, qui n'avait d'autre soutien que son courage
et la bienveillance des citoyens, il voulut dissoudre la représentation, il vit échouer ce dessein par la motion du général La
Fayette, du 24 juin, et fut forcé d'abdiquer de nouveau par l'é-
nergie des représentans de la nation, énergie que ceux qui se ca-
chaient alors dans leurs salons n'ont pas jugé à propos d'appré-
cier.

» On peut regretter aussi que cette chambre ait choisi un gouvernement dont le chef a constamment trahi les intérêts publics (et
que, pendant qu'on dispersait les patriotes influens pour aller négocier un armistice, que sans doute on espérait bien ne pas obte-
nir, l'occasion ait été manquée de prolonger la résistance, et de
traiter par ce moyen sur un pied plus avantageux avec les ennemis). Mais la chambre des représentans fut courageuse jusqu'au
dernier jour ; et, le 8 juillet encore, elle en donna une preuve
remarquable par sa protestation de ce jour.

C'est un jugement non pas de la conduite entière,
mais du caractère dominant de la chambre des 100
jours. L'auteur pense quelle montra du courage dans sa
courte et orageuse carrière.

Les écrivains qui prennent la plume quand les révolutions sont consommées, se trouvent exposés à un double
écueil. En rendant hommage aux vertus et aux talens
du parti que la victoire a consacré, ils courent le risque de passer aux yeux de leurs contemporains pour des
adulateurs du pouvoir ; et en reconnaissant quelque
chose d'estimable dans les hommes du parti que l'évé-

nement ou la justice ont réprouvé, il leur arrive quelquefois de paraître criminels par la vérité même ; comme si les talens et le courage avaient changé de nature pour avoir été employés d'une manière répréhensible. Mais le tems, à la longue, fait justice de cette ombrageuse susceptibilité, en faisant pour chaque siécle, pour chaque parti la part des vertus et du crime, des talens et de la nullité de tels ou de tels personnages.

Les grands hommes, pourtant supérieurs à toute étroite jalousie, se sont plus à rendre justice à leurs ennemis vaincus, comptant bien qu'une telle magnanimité releverait encore le prix de la victoire. Ainsi César s'honora en honorant la mémoire de Pompée, et notre grand Henry se plaisait à reconnaître les talens et le courage de Mayenne vaincu.

Les événemens qui réunirent et dispersèrent la chambre des 100 jours sont déjà loin de nous : c'est déjà de l'histoire. Cent écrivains se sont emparés de cette époque féconde en malheurs et en hautes leçons, et anticipant sur la jurisdiction de la postérité, chacun suivant ses passions ou sa justice, ils ont fixé la place des acteurs de ces grandes catastrophes : et dans ces jugemens improvisés pendant l'orage, la faveur jusqu'ici a été pour peu de chose. Néanmoins la raison se fait jour à mesure que les ressentimens se réfroidissent, car les événemens politiques, pour être bien jugés, veulent être vus de loin. Ces hommes que les feuilles publiques ont long-tems désignés comme une réunion de rebelles dignes du dernier supplice, sont aujourd'hui appréciés avec plus de sang-froid ; les devoirs de leur position orageuse sont enfin compris, et le ministère public lui même, dans la dernière audience, a reconnu qu'ils méritaient quelques éloges; il leur a même accordé son estime pour avoir, en l'absence de la légitimité, opposé quelques barrières au pouvoir absolu.

On peut donc louer quelque chose dans ces hommes des 100 jours, et s'ils ont empêché quelque mal, ils ont donc fait quelque bien ; et quelle que fut la source de leur autorité, s'ils en ont usé pour le bien public, ils l'auraient par-là légitimée.

Mais, nous dit le ministère public, les représentans des 100 jours, courageux et nobles jusqu'alors, ont été rebelles le 8 juillet, en protestant contre l'ordonnance royale qui les dissolvait.

Pour répondre au ministère public, il me suffira de revendiquer les principes proclamés par lui-même, et de rectifier des faits qui ne paraissent pas lui avoir été connus avec une entière exactitude.

N'oublions pas qu'il accorde que jusqu'au 8 juillet, cette chambre renfermait un plus ou moins grand nombre de bons citoyens, et que ses actes, jusqu'à ce jour, avaient pu avoir, par la force des choses, un caractère honorable et digne d'estime.

Eh bien, ce jour du 8 juillet, il n'y a point eu de protestation. Il y a eu un procès-verbal de dissolution, qui ne porte ni le caractère de la révolte, ni même celui de la résistance.

Voici cette pièce, sur laquelle le ministère public avait été mal instruit.

CHAMBRE DES REPRÉSENTANS.

Journée du 8 juillet 1815, dix heures du matin.

« Dans la séance du jour d'hier, sur le message par lequel la commission du gouvernement annonçait qn'elle cessait ses fonctions, la chambre des représentans passa à l'ordre du jour. Elle continua ensuite ses délibérations sur les dispositions du projet

3

d'acte constitutionnel dont la rédaction lui fut expressément re-
commandée par le peuple français; et lorsqu'elle suspendit sa
séance, elle s'ajourna à ce jour, 8 juillet, à huit heures du
matin.

» En conséquence de cet ajournement, les membres de la chambre
des représentans se sont rendus au lieu ordinaires de leurs séances.
Mais les portes du palais étant fermées, les avenues gardées
par la force armée, et les officiers qui la commandaient ayant
annoncé qu'ils avaient l'ordre formel de refuser l'entrée du
palais,

» Les soussignés, membres de la chambre, se sont réunis chez
M. Lanjuinais, président, et là ils ont dressé et signé individuel-
lement le présent procès-verbal pour constater les faits ci-
dessus.

» A Paris, les jour et an ci-dessus. »

(*Suivent les signatures.*)

L'acte connu sous le nom de protestation de la
chambre des représentans est du 5 juillet, antérieur à
l'ordonnance de dissolution.

Le ministère public l'a reconnu lui-même; ce n'est
point avec des équivalens, des conséquences, des
inductions qu'on fabrique le crime de sédition. Tout
est de rigueur en matière criminelle. Lorsqu'il s'agit
de punir les expressions d'un écrivain, vous ne pouvez
punir que celle dont il s'est servi, que les pensées que
ces expressions représentent, et non pas des pensées ou
des expressions étrangères à son esprit. C'est là la doctrine du ministère public; c'est celle de la raison et de
la loi.

Qu'a-donc dit M. Scheffer?

Il a dit que la chambre des représentans fut courageuse dans sa protestation.

Prenez ces expressions, mais ne les altérez pas.

Dire qu'un homme eut du courage dans une circonstance donnée, qu'est-ce dire autre chose si ce n'est

que cet homme déploya alors cette force de l'âme qui fait mépriser les dangers et la mort? Mais il y a loin d'un semblable jugement à l'approbation de l'usage de cette force , et du motif de ce dévouement.

Les historiens de nos guerres civiles, en décrivant leurs scènes déchirantes, remarquent dans les chefs et les principaux agens des partis, les qualités et les talens qu'ils consacraient au service de la cause injuste ou légitime à laquelle ils s'étaient dévoués.

Le chantre de Henry n'a-t-il pas immortalisé le courage et l'intrépidité de d'Aumale, combattant contre son prince légitime? Qui de vous n'a souvent admiré la politique profonde , la magnanimité , la valeur de Coligny, tout en regrettant que tant de vertus et de talens n'aient servi qu'à déchirer son pays? Et ne pourra-t-on célébrer la valeur des Condé, des Turenne, sans approuver les tristes journées où cette même valeur soutenait la cause de l'Espagne?

On peut donc vanter le courage des représentans des 100 jours , alors même que ce courage , ce mépris des dangers et de la mort les conduisait à un acte proscrit par les principes rigoureux de la légitimité. Ainsi on pourrait dire que la convention préserva la France de l'invasion étrangère, sans approuver pourtant la mort du roi.

Si ce n'est pas du courage , qu'est-ce en effet que ce sentiment profond qui, au milieu d'un demi-million d'ennemis armés, à la veille d'une prise d'assaut , et par conséquent d'une conquête, pousse ces hommes à déclarer hautement les principes qu'ils croyaient nécessaires au bonheur de leurs commettans?

Ils ont eu tort , direz-vous , de résister : je l'accorderai s'il le faut ; mais s'il y avait des dangers dans la résistance, si l'exil et la mort pouvaient en être la suite, reconnaissez au moins le mépris des dangers et de la mort; je vous abandonne le motif : accordez-moi l'intrépidité.

La pensée qui a paru séditieuse au ministère public ne saurait donc avoir ce caractère, si vous l'appréciez d'après les véritables expressions de l'auteur, et quelque souple que soit la théorie des provocations indirectes, elle ne peut embrasser que ce qui a été écrit et pensé par les auteurs.

Messieurs, cette question relative au jugement sur la chambre des 100 jours, sort du cercle ordinaire des accusations de sédition; elle tend à lier d'avance les décisions de l'histoire : elle tend à imposer comme un devoir telle ou telle opinion sur les faits qui ne sont plus. Prenez-y garde : la pensée ne reçoit ni ordres ni défenses; elle est jalouse de son indépendance; elle réserve d'ordinaire sa sévérité aux efforts que l'on fait pour l'asservir. Souvenez-vous que Tacite rapporte que Cremutius Corda fut condamné, sous les empereurs, pour avoir appelé dans un écrit Brutus et Cassius *les derniers des Romains*. Tacite a fait de ce jugement le patrimoine de l'histoire.

Page 13.

J'arrive maintenant à un grief d'un autre genre : il ne s'agit plus des jugemens du passé, mais de l'appréciation du présent, qui contient toujours le gage de l'avenir.

Le passage accusé porte: *Que sont devenus, en effet, et le comité de salut public, et le directoire, et le gouvernement impérial ? leur lois d'exception ne les ont pas sauvés. N'est-ce pas plutôt à cela même qu'ils ont présenté et obtenu ces lois, qu'on doit attribuer leur chûte violente ?*

Cette pensée détachée ne peut avoir de sens que par sa réunion à ce qui précède.

« Si maintenant on voulait ouvrir l'*impitoyable* MONITEUR, afin d'examiner le langage dont les prétendus représentans de la nation française se sont servis, depuis vingt-sept ans, au commencement de chaque session, on verrait qu'il a varié en effet selon les circonstances, quant aux expressions, mais que, pour le fond, il a toujours été le même : c'était toujours pour consolider la constitution, pour résister à ses ennemis, aux *malveillans*, qu'on commençait par suspendre la constitution ; c'était pour faire triompher la liberté et assurer l'existence du gouvernement, qu'on sanctionnait les actes les plus illégaux, les plus despotiques, des crimes même : on verrait encore que les mêmes hommes ont soutenu de cette manière diverses constitutions consécutives, et ont *assuré* ainsi divers gouvernemens, qui se sont succédés avec tant de rapidité, qui sont tombés après une courte et orageuse existence, parce qu'ils voulaient dominer, et non pas *administrer;* parce qu'ils révoltèrent l'opinion publique, qui seule pouvait les maintenir.

» Que sont devenus, en effet, le comité de *salut public*, et le directoire, et le gouvernement impérial ? Leurs lois d'exception ne les ont pas sauvés. N'est-ce pas plutôt à cela même qu'ils ont présenté et obtenu ces lois, qu'on doit attribuer leur chûte violente ?

» Abordons franchement la question ; aucun gouvernement ne peut se maintenir actuellement en France, s'il ne garantit tous les intérêts reconnus par la charte constitutionnelle, s'il n'observe point les lois protectrices de la liberté, et s'il ne les fait observer *partout* et par *tous.* »

Quel est le sens de ce passage ? c'est de détourner des lois d'exception, et de démontrer qu'elles n'ont jamais servi à raffermir aucun gouvernement en France ; grande et utile vérité que les gouvernemens ne sauraient trop entendre. Cette vérité que la raison démontre, et que l'expérience d'un quart de siècle a confirmée, est-ce un crime de l'énoncer ?

Un conseil qui serait bon à suivre, on peut le dédaigner ; mais ce n'est pas une raison pour condamner celui qui le donne.

Ce n'est point ici le lieu de faire le procès aux lois
d'exception, et les droits de mon ministère ne peuvent
s'étendre jusque-là. Toutefois d'assez funestes vestiges
marqueront leur passage dans notre histoire pour qu'il
me soit permis de remarquer que, depuis long-tems, la
nation appelait la fin de leur règne terrible, lorsque les
paroles royales ont annoncé du haut du trône que des
vœux si universels étaient exaucés. Dans les dernières
élections le vœu public, sur ce point, s'est manifesté
d'une manière imposante; et dans la session précédente,
un député, conseiller de la couronne (1), avait déclaré
que ces lois étaient *une suspension redoutable des droits
les plus sacrés, avaient jeté l'alarme et la délation au
sein des familles, et tendaient à ébranler tous les fondemens de la morale publique.* Vingt autres députés
avaient tenu le même langage.

C'était donc un mal que ces lois réprouvées par la nation, par ses députés et par les orateurs de la couronne.
Ce sera, si vous le voulez, un mal temporairement nécessaire, mais enfin c'était un mal. C'est non-seulement
une vérité authentique, mais une vérité légale.

Qu'a voulu le prévenu?

Prouver que ces lois étaient un mal : et dans l'opi-

---

(1) M. le conseiller-d'état Camille-Jordan, *Moniteur* du 15
janvier 1817 :

« *Les dispositions de ces lois livrant la liberté, l'honneur, presque*
» *la vie des citoyens à la discrétion d'une foule de fonctionnaires su-*
» *balternes, furent une suspension absolue et redoutable des droits les*
» *plus sacrés. Nous avons vu les effets d'une telle dissémination d'un*
» *pouvoir discrétionnaire; les restes des partis s'en disputant l'u-*
» *sage, l'esprit de délation, se couvrant du masque du faux zèle,*
» *détruisant toute confiance au sein des familles, sappant avec les*
» *fondemens de la tranquillité publique et privée, ceux de la morale.*»

nion du ministère public, il n'aurait pas été permis à un simple particulier de répéter ce qui avait été déjà reconnu par toutes les autorités politiques!

Et parce que des faits graves, incontestables, récens confirmaient ces vérités si universellement proclamées, il sera criminel de citer ces faits comme de hautes leçons !

A quoi servent donc les souvenirs de l'histoire, si une nation ne peut puiser dans le passé des exemples à suivre, des exemples à éviter? Que devient l'autorité, toujours respectée, des aïeux qui nous instruisent encore par leurs vertus, leurs malheurs et leurs fautes ? Si vous réduisez l'utilité de la science des faits au frivole plaisir de la curiosité satisfaite, prenez garde que vous déshéritez le genre humain de tout ce qui fait sa force, sa gloire et sa sécurité, de la mémoire qui retient, de la raison qui compare et de la prudence qui décide.

Est-il vrai que le comité de salut public a péri étouffé par ses propres lois d'exception, dont dix-huit mois il effraya l'humanité?

Est-il vrai que le directoire exécutif, après avoir tour à tour placé sa faiblesse dans le vasselage de tous les partis, s'est évanoui malgré les lois d'exception dont il poursuivait le lendemain le parti dont la veille il invoquait la pitié?

Est-il vrai que le gouvernement impérial lui-même, qui avait la victoire à sa solde, et sous lequel tous les trônes ont fléchi, n'a pas été sauvé par ses lois d'exception ?

Ces faits sont incontestables.

Si l'histoire est une leçon, que les contemporains lisent et jugent.

Si ces moyens qu'on invoque comme le remède à tous

les maux politiques, n'ont jamais rien guéri et ont amené
au contraire des maladies nouvelles, il faut donc y renoncer ; voilà la conséquence.

« Mais, nous dit le ministère public, le prévenu
» confond dans sa pensée tous les gouvernemens. Selon
» lui, ils peuvent tous tomber par la même cause. Et
» ne sait-il pas que le gouvernement légitime a une
» source plus pure et des fondemens plus solides? »

La réponse à cette critique, qui au surplus ne suppose pas un crime, est facile.

Le prévenu ne confond point tous les gouvernemens, car le passage dont il s'agit ne parle que du comité de salut public, du directoire et du gouvernement
impérial ; et parce qu'il ne dit pas un mot du gouvernement royal, ce n'est pas une raison pour penser qu'il n'a
voulu parler que de ce gouvernement.

Quant à cette opinion que tous les gouvernemens
peuvent tomber par la même cause, l'auteur déclare
avec tous les publicistes qu'il pense que tous les gouvernemens ont besoin de l'amour et du bonheur des sujets, et de cette confiance mutuelle qui repose sur la
certitude de la protection de la loi fondamentale.

« Vous menacez donc le gouvernement légitime d'une
» ruine prochaine. »

Cette conséquence repose sur la confusion même
qu'on reproche au prévenu.

Les mêmes erreurs, les mêmes fautes ne produisent
pas toujours les mêmes effets dans tous les gouvernemens.

Dans une république, une série plus ou moins longue
de fautes politiques amène toujours une scission entre
les pouvoirs, et un changement dans les personnes revê-
tues de la puissance exécutive. De là, presque toujours,

ces commotions intestines au sein desquelles s'est passée notre enfance.

Mais la monarchie héréditaire, plus stable et plus
paisible, offre à ces mêmes maux des remèdes moins
dangereux. Le monarque, qui ne peut avoir d'intérêts
opposés à ceux de son peuple, renfermé dans sa sagesse, observe les fautes de ses agens, et le jour où la
mesure est comblée, il retire à lui son autorité et en in-
vestit de nouveaux mandataires. — La marche change,
la nation est soulagée, et, grâce à la perpétuité du
pouvoir qui surveille et qui dirige, ce soulagement ne
coûte aux sujets ni commotion, ni guerre civile.

Il était donc inutile, pour expliquer un passage qui
est assez clair, d'y ajouter une proposition dont l'auteur n'avait pas la moindre idée; on pouvait s'en tenir
à une explication innocente, conforme en tous points
aux principes constitutionnels; c'est-à-dire le danger où
seraient des ministres qui ne pourraient gouverner sans
lois d'exception, de perdre par-là la confiance du monarque, et de faire place à des successeurs, pour lesquels
de pareils moyens ne seraient pas indispensables.

Un dernier reproche a été adressé à l'opinion de l'auteur relative aux lois exceptionnelles.

Voici les expressions du texte :

Pages 11—12.

« Mais que dire de cette autre chambre de 1815, qui, sans la sage
ordonnance du 5 septembre, allait précipiter la France dans de
nouveaux troubles? Convoquée sous l'influence d'une faction, instrument de cette faction, on vit cette chambre suspendre encore
les liberté de la nation, venir au-devant des lois d'exception les
plus sévères, de cette loi même *qu'un homme*, célèbre par son
attachement invariable à la liberté, a flétrie sous la dénomination
de *seconde loi des suspects* ? »

Le ministère public induit de ce passage que le prévenu a voulu déverser le mépris et l'outrage sur les chambres convoquées par le roi, et provoquer la résistance à la loi, en parlant avec mépris des autorités dont elle émane.

Il est à remarquer que la dénomination de *loi des suspects*, que l'auteur rappelle à l'occasion d'une loi trop fameuse, n'appartient pas à l'auteur, et n'est pas donnée comme sa création. C'est l'extrait de l'opinion prononcée à la tribune de la chambre des pairs de France, par M. le comte Lanjuinais, dont on est sûr de retrouver le nom dans toutes les discussions qui intéressent la liberté de son pays. M. Scheffer rappelle lui-même que l'épithète ne lui appartient pas.

Quoi donc ! cette latitude d'opinion, cette franchise de langage qui est permise à un pair, à un député, dans la tribune, serait-elle donc interdite à un simple particulier ? qu'on dénature donc les principes du gouvernement représentatif, qui est le gouvernement de l'opinion ; qu'on interdise aux Français toute discussion politique, et qu'on déclare, une fois pour toutes, que l'examen des affaires d'état est comme l'arche sainte, que les simples enfans d'Israël ne pouvaient toucher, sans être à l'instant punis de mort.

Où en est-on sur la liberté de la presse, et sur la théorie des provocations indirectes, si un écrivain ne peut reproduire sans crime les pensées et les expressions proférées à la tribune nationale par des députés ou des pairs de France, et imprimées ensuite par ordre des deux chambres? Bientôt l'imprimeur de ces chambres pourra être à son tour prévenu de provocations indirectes, pour avoir imprimé ce que la chambre lui avait ordonné d'imprimer.

Au surplus, n'oublions pas que la législature sur la

quelle M. Scheffer s'exprime avec quelque sévérité, est cette fameuse chambre de 1815, qui compta sans doute dans son sein des orateurs distingués, et d'habiles hommes d'état, mais qui imprima à ses actes un caractère tellement redoutable, que l'on ne peut rappeler aucun de ses souvenirs sans rendre grâces à la sagesse royale, qui a su remettre les grands intérêts nationaux hors des atteintes des factions, et sans remercier en même tems le ministère qui conseilla le 5 septembre.

Elle est singulière, pour ne pas dire absurde, la marche que l'on prête au sieur Scheffer.

Il veut, dit-on, provoquer indirectement la désobéissance aux lois, en déversant le mépris sur l'autorité royale ; et cependant il déclare hautement que, le 5 septembre, le roi sauva la France du danger qui la menaçait ; et cependant cette ordonnance est une de celles dont la gloire appartient le plus immédiatement à la profondeur des conceptions du monarque.

Présenter comme tutélaire et conservatrice une autorité que l'on dévoue au mépris, c'est une provocation indirecte d'un genre jusqu'ici peu connu.

J'ai regret de me traîner perpétuellement dans des interprétations minutieuses, d'expliquer et de justifier chaque phrase, chaque expression, et de montrer sans cesse que l'auteur n'a voulu dire que ce qu'il a dit, et que les mots de la langue ne reçoivent pas sous sa plume une signification nouvelle. Mais vous sentez comme moi que je ne puis rien négliger de ce qui a fixé l'attention de la partie qui accuse.

Voici le texte de la page 23, qui est au nombre de celles indiquées comme séditieuses :

« La révolution salutaire de 1814 donna enfin un nouveau développement aux forces morales de la nation française. *Mais la charte constitutionnelle ne fut malheureusement connue que par des lois d'exception, renouvelées encore après la révolution de 1815 (qui vit renaître toutes les idées de liberté et de droits politiques*. Pens. dant les trois mois, si mémorables sous plus d'un titre, les corps municipaux reprirent une activité long-tems inconnue. Mais les souvenirs de ces tems furent effacés par l'invasion des étrangers, *et par tous les malheurs qui la suivirent*). Ainsi, quoique le régime constitutionnel se soit dégagé depuis deux ans de plusieurs entraves, la liberté n'a point encore fait de progrès sensibles dans les départemens, et la constitution, entourée à la vérité des malheureuses lois d'exception, n'existe encore qu'à Paris, et pour Paris. »

Le ministère public reproche au prévenu de donner à entendre que les dispositions de la Charte sont sans cesse violées ou éludées. Mais le sieur Scheffer ne dit pas que la Charte sera toujours suspendue : il dit qu'elle a été suspendue dans plusieurs de ses points, mais que depuis deux ans le régime constitutionnel commence à se dégager de plusieurs entraves.

Est-il vrai qu'il a été rendu des lois d'exception qui suspendaient l'empire de la constitution ?

Est-il vrai que la liberté de la presse a été suspendue par la loi du 21 octobre 1814, qui établissait temporairement la censure, et que les dispositions de la Charte qui garantissent la liberté individuelle et le droit d'être jugés par des jurés, ont été suspendues par l'établissement des cours prévôtales, et par la loi qui, répandant l'arbitraire à pleines mains, conférait à une foule de fonctionnaires le droit d'arrêter et d'exiler sans motifs et sans forme ?

Que ces mesures aient été nécessitées par de graves circonstances, j'en conviendrai ; mais si ces lois suspensives ont existé, si les ressentimens et les méfiances attestent douloureusement leur passage, pourquoi n'aura-t-il pas été permis de remarquer leur existence, et de

se réjouir, à la fin de la page, de ce que des tems meil-
leurs ont délivré la patrie du poids de cette législation
transitoire ?

Le ministère public a trouvé, dans cette remarque,
le caractère d'une calomnie, *tendante indirectement à
porter atteinte au respect dû à l'autorité royale.*

Mais à moins que d'intervertir toutes les idées con-
sacrées par la raison et les lois, on ne calomnie pas une
autorité en rapportant avec exactitude les actes qu'elle
a rendus, lorsque ces actes sont des mesures dont elle
s'honore, et où elle a placé ses titres de gloire, et la
preuve de sa force et de sa sagesse.

La calomnie suppose tout à la fois la fausseté du fait,
et son caractère diffamatoire ; réunion que ne présente
pas la remarque relative aux lois d'exception. Encore
une fois, cette remarque, émise avec simplicité, ne contient point d'alarmes pour l'avenir, mais offre au contraire des consolations et des espérances.

Les mêmes réflexions répondront suffisamment aux
reproches adressés par le ministère public à la page 41
de l'écrit de M. Scheffer.

Lire depuis 41 jusqu'à 43.

« Déjà les peines prononcées par ce code contre les délits civils
sont en général d'une rigueur affligeante ; mais les délits politiques surtout sont punis par des lois qu'on pourrait appeler *lois
de sang*; et qui sentent en tout le despotisme ombrageux sous lequel elles ont été fabriquées.

« La loi du 9 novembre, sur les *cris séditieux,* a ajouté encore à
nos lois criminelles quelques articles dignes de figurer dans le code
Napoléon. Si on voulait se convaincre de la rigueur ou plutôt de
la cruauté de ces lois, on n'aurait qu'à se rappeler tous les procès
fameux qui ont eu lieu depuis deux ans. Combien trouverait-on
d'hommes condamnés et exécutés comme conspirateurs, dont le
principal crime consistait dans des propos coupables sans doute,
mais souvent plus ridicules que dangereux, et qui ont subi une

peine qui n'aurait pu être aggravée s'ils avaient trempé leurs
mains dans le sang du monarque ? Certes, il n'est point nécessaire de multiplier des exemples, et de citer tous les jugemens
qui ont fait périr sur l'échafaud ou envoyé languir dans les cachots tant de malheureux, pour prouver que la définition du
complot, telle qu'elle existe actuellement dans le code pénal, est
incompatible avec notre civilisation, et avec la charte constitutionnelle. J'avoue d'ailleurs qu'ayant été tenté de faire un tableau de tous les procès marquans depuis deux ans, et des jugemens rendus par des cours d'assises, je l'ai trouvé trop effrayant
pour oser l'exposer.

» La même raison m'empêche de retracer les travaux des cours
prévôtales. On dit d'ailleurs que le ministère se propose de ne
point demander leur continuation, il faut l'espérer au moins ;
mais, s'il voulait les conserver, nos députés se rappelleront les
condamnations et les exécutions qui ont affligé tout ami de l'humanité, dans ce moment pénible d'une cherté excessive des sub-
sistances. Sans doute, s'il est permis d'excuser les perturbateurs
de l'ordre public, c'est quand des malheureux sont excités aux
troubles par le fléau le plus terrible, la faim. Il est permis de
regretter d'avoir vu couler tant de sang pour cette cause déplo-
rable, et nos députés, *en se rappelant que les formes expéditives
des cours prévôtales n'ont pu laisser plus souvent à la clémence
royale l'occasion de se déployer,* nous délivreront d'une institution créée pendant l'anarchie révolutionnaire, et rétablie mo-
mentanément dans une époque malheureuse. »

Le ministère public s'est écrié : *Le sieur Scheffer se
serait-il exprimé autrement à la vue des registres de
l'inquisition ou du tribunal révolutionnaire ? N'est-ce
pas là une calomnie manifeste, lorsqu'il avait à parler
d'un gouvernement clément et miséricordieux, qui ne
punit qu'à regret ?*

Si l'on avait fait attention à la page 43, on y aurait
vu que le sieur Scheffer croit aussi à la clémence et à la
miséricorde du monarque, puisque l'un des reproches
qu'il adresse aux cours prévôtales, c'est d'avoir trop
souvent empêché, par la rapidité des exécutions, que
le pardon descendît du haut du trône.

Ainsi donc voilà l'intention du sieur Scheffer bien

fixée par son propre langage. Il ne peut avoir voulu
accuser le prince de cruauté, et par conséquent méconn-
naître en lui la plus noble des vertus qui caractérisent
les rois français ; car c'est cette vertu même qu'il invoque, et dont il réclame la salutaire influence.

Maintenant, où est donc le délit de calomnie envers
la personne royale ? Quels sont les faits qu'on impute à
sa majesté ? quelles sont les qualités qu'on lui prête, et
qui ne soient pas propres à lui concilier le respect et
l'amour des sujets ?

Je cherche en vain dans le passage qu'on indique, et
je ne trouve rien qui puisse justifier le reproche de calomnie ; et malgré toutes les théories indirectes, je ne
crois point qu'il puisse exister de *calomnies indirectes*,
punissables comme s'adressant au roi, lorsqu'elles s'a-
dressent à d'autres autorités, surtout si le même texte
contient, sur la personne royale, un jugement tout-à-
fait opposé.

Je trouve bien, dans le texte, que le sieur Scheffer
improuve beaucoup de jugemens criminels rendus dans
ces derniers tems ; qu'il regrette la fréquente application
de la peine de mort, et que le grand nombre des supplices a affligé sa sensibilité.

Où est le mal de gémir sur le sang versé ?

Il ne faut pas, nous dit-on, exagérer les supplices :
et qui les exagère ici ? Quel nombre a été indiqué par le
sieur Scheffer ? A-t-il dit qu'il y avait eu mille, deux
mille condamnations capitales ?

Non ; il n'a ni indiqué, ni fait soupçonner le nombre ;
il s'est borné à dire que le nombre, quel qu'il puisse
être, l'avait affligé : il ne peut y avoir d'exagération
dans le nombre qui n'est pas indiqué, mais dans le sentiment d'affliction dont l'auteur seul peut avoir le secret
et la mesure.

Et ne croyez pas, messieurs, que dans ses regrets sur tant de sang versé par la main des bourreaux, le sieur Scheffer ose élever une voix sacrilége contre les organes des lois. Non, il n'accuse de ces maux ni le roi dont il invoque la clémence, ni les magistrats dont il ne dit pas un mot.

Qui accuse-t-il donc?

L'imperfection des lois créées par un gouvernement qui n'est plus, et sur les souvenirs duquel la loi de novembre, sans doute, n'a pas voulu étendre l'inviolabilité royale.

Le chapitre est intitulé : *De la Législation en matière criminelle et politique*. L'auteur propose la réforme de l'art. 69 du Code pénal, relatif à la définition du complot; et c'est pour prouver la nécessité d'une rédaction nouvelle, que l'auteur rappelle que l'application exacte de cet article a conduit à la peine capitale des hommes coupables sans doute, mais qui auraient pu le devenir d'une manière mille fois plus effrayante encore, sans pouvoir être punis avec plus de sévérité; défaut de gradation dans les peines, disproportion de la punition au crime; objets bien dignes assurément de fixer l'attention royale. Pour prouver une imperfection si remarquable, il était nécessaire de rapporter des circonstances dans lesquelles la sagesse des juges n'avait pu tempérer l'excessive rigueur des lois.

Loin de moi l'idée de porter atteinte au respect dû à la législation existante : sans doute l'heureuse réforme de nos lois civiles servira plus encore que l'éclat des victoires, à perpétuer le souvenir de notre grandeur passagère.

Toutefois on ne saurait se dissimuler que nos nouveaux codes criminels, portant trop souvent l'empreinte des tems où ils ont été promulgués. Ombrageux à l'excès, environné d'attaques sans cesse renaissantes, le gouvernement d'alors voulut contenir ses ennemis par la terreur de ses lois. Aussi tout ce qui tient aux délits politiques, annonce un législateur craintif, inflexible, et ingénieux dans les moyens de conservation.

Quoi qu'on puisse penser de la nécessité de ces dispositions, il est permis sans doute d'en désirer la réforme, et de prouver que la raison comme l'humanité l'exigent.

Sans doute les vœux d'un écrivain n'obligent pas l'autorité législative, mais ce sont des conseils qui peuvent avoir l'autorité de la raison, et qui du moins servent à provoquer l'examen d'une sagesse supérieure.

Si la liberté de la presse a une utilité politique, c'est surtout alors qu'elle avertit de l'imperfection des lois ; c'est surtout lorsqu'elle la prouve par des faits en distinguant le mal que font les lois, du bien que fait le monarque, en s'abstenant d'accuser les magistrats qui ne peuvent qu'obéir à une loi régnante, et dont l'obéissance est toujours mêlée de regrets lorsqu'il s'agit de punir.

Que, si vous punissez comme des calomnies envers le roi, la provocation de la réforme des lois, et des lois surtout que le roi n'a pas faites, qu'on m'apprenne où s'arrêtera l'arbitraire.

J'arrive aux deux textes qui terminent cette longue nomenclature de passages séditieux, où l'esprit est obligé de supposer la calomnie pour pouvoir l'y trouver. Ce sont les pages 55 et 56, que le ministère public a séparées pour y trouver deux délits, mais que je dois réunir parce qu'ils font partie de la même pensée, qu'ils s'expliquent l'un par l'autre, et qu'ils sont justifiés tous deux pour les mêmes réflexions.

4

« La nation française verra bientôt, dans sa représentation, une majorité indépendante. Les patriotes éclairés qui doivent la composer, en cherchant à nous donner la liberté civile et politique, considéreront : 1º. qu'un homme ne peut être ni libre, ni heureux, quand il est privé de toutes les jouissances de la vie, devenues pour lui des nécessités, et auxquelles il peut prétendre par son industrie ou par ses propriétés ; 2o. qu'un homme, forcé de donner en impôts ou en *emprunts forcés* le tiers de ses revenus et qui, par ces impôts exorbitans, n'a plus les moyens d'élever ses enfans, ou de leur donner une éducation conforme à ses souhaits, n'est ni libre, ni heureux; 3º. que celui qui voudrait entreprendre une branche de commerce ou d'industrie, et qui est forcé d'y renoncer par une patente énorme, n'est ni libre ni heureux ; 4o. qu'un pays dans lequel le gouvernement exerce le monopole *des grains, du tabac et des denrées premières*, et dans lequel les propriétaires sont forcés de cultiver le tabac s'ils veulent cultiver du riz, et du riz s'ils veulent cultiver le blé, n'est point libre ; 5o. enfin, qu'un pays qui voit annuellement d'énormes capitaux, formant le tiers des revenus de ses habitans, dévorés par des dépenses en grande partie infructueuses, n'est ni libre ni heureux.

» Nos députés indépendans, cherchant à remplir leur noble mission, et à seconder les efforts du gouvernement pour le bonheur du peuple, introduiront sans doute la plus grande économie dans les dépenses publiques ; et certes les objets sur lesquels elle pourra être exercée sont assez nombreux.

La première dépense et la plus grande qui se présente à l'examen de nos représentans, est celle occasionnée par le séjour des bandes étrangères en France, et par les contributions de guerre que le gouvernement s'est engagé à payer, dans un moment désastreux, où il était forcé de reconnaître le droit du plus fort, où il n'avait pas même la possibilité de négocier. Je laisse à la chambre des députés et au gouvernement à considérer s'il faut continuer de se soumettre à cette dépense, où s'il faut prendre avec les souverains alliés un autre langage plus conforme au vœu national, et qui serait soutenu par tous ceux qui se glorifient de porter le nom de Français. Dans tous les cas, nos députés demanderont pourquoi la somme portée au budget, n'a point subi une diminution proportionnée à la diminution dans le nombre de nos garnisaires. Je ne puis adopter *l'idée que c'est au gouvernement seul à défendre les intérêts nationaux, vis-à-vis des puissances alliées contre la France* ; je crois au contraire qu'un langage énergique de la part de nos représentans pourrait inspirer aux ennemis cette crainte et ce respect nécessaires pour mettre un peu d'équilibre dans les négociations.

La page 55 a paru au ministère public une série d'imputations diffamatoires dirigées contre l'autorité royale. Il y a vu le dogme de la souveraineté du peuple. L'imputation du monopole est une calomnie qui tend à présenter le gouvernement sous un jour odieux, et qui est punissable, dès lors qu'elle n'est pas accompagnée de la preuve légale.

Ces réflexions du ministère public échappent à l'analyse par leur généralité. Si l'on cherche quels sont les faits faux et irrespectueux, allégués sans preuve légale contre la majesté du trône, ou la personne même du monarque, on n'en trouve aucun ; on ne trouve que des résultats généraux : le seul fait qui soit énoncé est environné de la preuve légale la plus incontestable qui fut jamais.

D'abord le chapitre d'où ce passage est extrait, est intitulé *des impôts*, et a pour objet de démontrer l'excès des contributions actuelles, et la mauvaise assiette de quelques-unes. Puisque l'on convient que l'intention de l'écrivain doit être la règle de l'appréciation de l'ouvrage, on devrait avouer que l'intention de M. Scheffer, dans ce chapitre, n'a rien qui excède l'usage constitutionnel de la presse.

Prouver l'excès des impôts ne pouvait se faire qu'en montrant leur disproportion avec la partie du revenu territorial et industriel, qui doit rester entre les mains des contribuables, pour fournir à leurs besoins personnels, et servir à la reproduction.

Parcourons les assertions de l'auteur.

Les impôts, dit-il, *sont égaux au tiers des revenus,*

cette évaluation peut paraître forcée au premier coup
d'œil; mais la réflexion démontre qu'elle ne peut être exa-
gérée. Chaque propriétaire de biens fonds sait que le
taux moyen de la contribution foncière est du quart
du revenu net. Si l'on ajoute à l'impôt foncier l'impôt
-mobilier; celui des portes et fenêtres, et les impôts qui se
lèvent sur la consommation des denrées, et sur la circu-
lation des propriétés, lesquels sont supérieurs à la contribution foncière, on verra que la somme des deniers
versés par les citoyens dans les caisses de l'état est au
moins égale au tiers des revenus. (1)

D'un autre côté, que l'énormité des patentes, qui ne
sont autre chose qu'un impôt levé sur l'industrie, nuise
au développement de cette même industrie, c'est ce qu'il
serait difficile de contester ; car l'homme industrieux
ne peut y subvenir qu'en diminuant d'autant les capitaux destinés à la reproduction des richesses.

C'est donc un malheur dont on peut se plaindre ; car
c'est un droit de la nature que celui d'exprimer la douleur qu'on ressent. Il serait injuste d'en accuser la personne même du roi. Et M. Scheffer ne le fait pas : il
sait bien que dans le système constitutionnel, l'assiette
des impôts n'est pas l'ouvrage du monarque, mais celui
de la représentation nationale : il sait bien que dans la

---

(1) En 1818, le budget présente un total de 750 millions de
contributions de tout genre. Dans cette somme il y a 336 millions
d'impôts directs, dont 256 millions de fonciers.

Ainsi, en admettant pour moyen terme que l'impôt foncier est
égal au quart du revenu net, et que l'impôt foncier est du tiers de
la totalité des contributions, on trouvera que la totalité des contributions égale les trois quarts du revenu; ce qui excède le
tiers de la somme totale du revenu foncier, et du revenu industriel
réunis.

profonde infortune où la patrie est descendue, la fixa-
tion de la quotité de ses charges n'est pas l'effet de la volonté publique ; mais il sait aussi que le mode de répar-
tition de ces charges n'est pas invariable, et que l'excé-
dant d'une contribution trop forte par sa nature, peut
sans cesse être réparti sur une autre qui l'est moins.

Mais, continue le ministère public, vous accusez le
gouvernement d'exercer le monopole des grains, du tabac, et des denrées premières, et de forcer les propriétaires de cultiver du tabac s'ils veulent cultiver le riz ;
et le riz s'ils veulent cultiver le blé. Or c'est là une calomnie horrible contre le gouvernement.

Ce n'est point là une calomnie horrible, c'est la cita-
tion d'une loi existante. Le ministère public eût été moins
sévère dans son jugement s'il eût eu sous les yeux le Code
de la régie des tabacs, code, au surplus, dont la création
n'a rien de commun avec le gouvernement actuel.

Des besoins de finance conduisirent le gouvernement
impérial à s'attribuer le droit exclusif de fabriquer et de
vendre le tabac dans toute l'étendue du royaume ;
l'exercice de ce droit exclusif, vulgairement appelé monopole, repose sur l'interdiction du même commerce
aux simples citoyens. De là, par une conséquence nécessaire, sont nés des décrets, des lois, des réglemens pour
empêcher, par des clauses pénales, la culture, la fa-
brication et la vente du tabac, en telle sorte que le particulier qui se livrerait à cette culture sans la permission
de l'autorité, et sans les conditions prescrites par les lois,
s'exposerait à des peines plus ou moins sévères.

L'utilité de ce systême ne peut être convenablemen
débattue dans cette enceinte ; je me contenterai de fair
remarquer que, d'année en année, les députés des dé
partemens du Rhin soumis, plus spécialement à la cu

ture du tabac , présentent à la chambre des députés les réclamations de leurs commettans contre ce mode d'impôt : par où l'on peut supposer qu'il ne favorise ni l'agriculture ni le commerce.

Mais, nous dit-on, rapportez la preuve légale de cette imputation. Nous rapportons pour preuve légale, le Bulletin des Lois , le code des droits réunis, et les registres de la chambre des députés qui constatent les réclamations persévérantes et régulières des pays intéressés , et le budget de chaque année qui provoque au profit de l'état la continuation de ce systéme d'impôts.

Si ce ne sont pas là des preuves légales , si desactes de la législature ne méritent pas ce titre, je ne sais plus où chercher cette preuve.

L'explication de ce qui est relatif au commerce des grains ne sera pas moins facile , et le ministére public eût été moins effrayé de ce passage, s'il se fût rappelé ce qu'il a dû voir dans tous les livres d'économie politique.

Ce fut dans tous les tems une grande question que l'utilité de l'intervention plus ou moins active du gouvernement dans les mesures propres à prévenir ou à adoucir la disette des grains. A la fin du dernier siécle une école nombreuse et respectable par de grands talens et de grandes vertus, la secte des économistes , se prononça contre toute espèce d'intervention du gouvernement dans des conjonctures de ce genre. Ils s'efforcèrent de prouver que cette intervention ne pouvait avoir qu'un résultat opposé à celui qu'on devrait atteindre. A la tête de ces écrivains, vous mettez tous sans doute cet illustre et vertueux Turgot, ministre chéri du plus malheureux des rois. *Il n'y a que M. Turgot et moi, qui aimions le peuple* , disait Louis XVI.

D'autres politiques ont soutenu l'utilité, la nécessité

même de l'intervention plus ou moins active du gouvernement au milieu de ces crises douloureuses que la providence accorde quelquefois aux peuples et aux rois pour éprouver leurs vertus.

Tout est dit depuis long-tems sur les raisons qui peuvent justifier l'une et l'autre théorie. Aujourd'hui les faits parlent, et les bons esprits peuvent se décider.

Que dans notre dernière crise l'inépuisable bienfaisance du monarque ait fait pour adoucir les souffrances du pauvre tout ce que lui dictait son noble cœur, je ne le nierai point ; et si je voulais le nier, la voix de la France entière s'élèverait pour m'accuser d'imposture.

Que le ministère même ait déployé alors beaucoup de zèle et d'activité, beaucoup de prudence même, si vous le voulez, je l'accorderai sans peine ; que ses intentions méritent à cet égard la reconnaissance publique, j'en conviendrai encore.

Mais ne sera-t-il pas permis à un citoyen de dire, à tort peut-être, que le bien aurait pu être fait différemment avec plus d'efficacité et de moindres dépenses, et que l'intervention active de l'autorité n'a pas été sans inconvénient ?

C'est bien là, ce me semble, une question politique qui est du domaine des écrivains. Elle intéresse tout le monde, et chacun a le droit de la débattre avec pleine liberté.

C'est une erreur, nous dira-t-on, en économie politique. Cela peut-être ; mais si cela est, cette erreur n'est pas nouvelle ; elle a pour elle de grandes autorités.

C'est une calomnie envers le trône : mais prenez garde que le fait qu'on impute n'a rien d'infamant ni d'irrespectueux ; c'est un système d'administration qu'a suivi Louis XIV, et les ministres ne se croiront pas *ca*-

lomniés sans doute, quand on les accusera d'avoir quelquefois suivi les traces de ce roi si grand dans ses victoires, mais plus grand encore par sa dignité dans l'infortune.

C'est donc, nous dira-t-on, un délit de sédition, d'attaquer cette théorie administrative. Oui, c'est un délit grave, commis, il y a trente ans, par le ministre de Louis XVI, partagé par le conseil de ce roi, et consacré par ce roi lui-même dans son fameux édit sur la liberté du commerce.

Maintenant, je vous le demande, que deviennent toutes ces banales accusations de doctrines factieuses favorables à la souveraineté du peuple et contraires au respect dû à la monarchie? Par quel procédé a-t-on pu transformer une doctrine administrative en une provocation séditieuse? L'opération de l'esprit qui a conduit à cette conséquence est un mystère que nous ne pouvons pénétrer.

Il ne nous est pas moins difficile de comprendre comment les réflexions de M. Scheffer, au sujet de l'armée étrangère, pag. 57, ont pu mériter l'improbation du ministère public.

L'esprit de ce passage est celui qui a dicté le passage précédent; c'est-à-dire le désir de voir diminuer les charges des impôts, et aussi le désir de voir relever la dignité nationale.

Sentiment noble sans doute dans un écrivain né français; sentiment noble aussi, quoi qu'on en puisse dire, dans un Français d'adoption, qui prouve du moins par-là que son cœur appartient sans retour et sans partage à sa nouvelle patrie.

Étrange position de M. Scheffer! Si son langage sur l'armée étrangère était moins franc, moins énergique;

s'il était moins empreint de cette véhémence qui part
du cœur, on ne manquerait pas de nous dire : « Le
» voyez-vous comme il flotte entre son ancienne patrie
» et sa patrie d'adoption ? Ne voyez-vous pas ses secrets
» retours vers la gloire du pays qui l'a vu naître ? Dé-
» fiez-vous de ce Français d'un jour, dont le cœur est
» toujours étranger. »

Et parce qu'au contraire on n'a pu remarquer en lui
rien qui ne soit éminemment français ; parce que son
œil se mouille au souvenir de nos malheurs ; parce que
son cœur tressaille à l'espoir d'un meilleur avenir , ou
vient lui dire : De quel droit pleurez-vous sur notre
gloire passée ? De quel droit faites-vous des vœux pour
la prospérité de nos drapeaux ? De quel droit voulez-
vous verser votre sang pour notre patrie ?

Il vous répond : Si j'étais étranger, n'aurais-je pas le
droit d'honorer le courage malheureux ? Ai-je besoin
d'une patente de Romain pour m'attendrir au milieu
des débris de la reine du monde ; et ne peut-on, sans
être Grec de naissance, regretter que le tombeau de
Périclès et de Miltiade soit le marche-pied d'un Ot-
toman ?

Mais je suis Français par vos lois ; mon cœur me
dit que j'étais digne de ce noble titre.

« La Charte , nous dit le ministère public , donne
» au roi le droit de paix et de guerre ; le sieur Scheffer
» propose de le lui enlever, en conseillant aux repré-
» sentans un langage énergique vis-à-vis des étrangers. »

Un Français dit aux députés qui sont ses mandataires, dites au roi : Sire , les maux de la France sont
grands ; peut-être deviendront-ils plus grands encore :
mais le jour où la nécessité mettra dans la balance des
rançons, au défaut d'or, l'épée de Duguesclin ; lorsqu

votre sagesse arborera l'oriflamme de Bovines , que
votre majesté sache que chacun de vos sujets mourra
pour le venger , et que le fer ne se reposera point jusqu'à ce que la terre des Francs soit redevenue la terre
de l'indépendance.

Français qui m'écoutez, ce langage est français ,
sans doute.... ne voyez-vous pas, à ce discours, tres-
saillir d'une noble allégresse le cœur royal du fils de
Louis-le-Grand? ne voyez-vous pas le glaive des vieux
guerriers s'agiter de lui-même dans le fourreau ?

Eh bien, qu'a fait autre chose le sieur Scheffer? a-t-
il conseillé aux députés de s'emparer de la prérogative
royale? a-t-il contesté au roi le droit de paix et de guerre?
Loin de lui cette stupide pensée ! il a lu la Charte aussi.

Mais il a demandé aux députés de présenter au roi ,
souverain de la France, des protestations de dévouement et des offres de sacrifices pour délivrer la France.

Où est le mal dans cette offre patriotique et royale
tout à-la-fois ?

Où est la sédition à répéter sans cesse que tout le
sang français est prêt à couler au besoin pour l'indépendance et la dignité de la nation? Si c'est là un acte
de sédition , graces au ciel nous pouvons compter 30
millions de séditieux.

Si ces sentimens sont un devoir pour un Français,
ancien ou nouveau , leur expression ne saurait être un
crime.

Qu'ai-je besoin , au surplus , de tant d'efforts pour
justifier ce qu'on devrait applaudir? Ne me suffit-il pas
de dire que ces conseils ou ces vœux de M. Scheffer
sont enfin exaucés, et ont reçu aujourd'hui la plus noble
des sanctions. Le discours du trône, à l'ouverture de la
session actuelle , a annoncé des négociations propres à

faire espérer un adoucissement dans les charges de la guerre. Aussitôt les adresses des deux chambres ont déclaré que, pour en assurer le succès et la dignité , aucun sacrifice ne coûterait à la patrie. Des bords du Rhin jusqu'aux Pyrénées , les villes et les chaumières ont répété ce cri du dévouement et de l'honneur.

Calomnie.

Pag. 44, 45.

« Le scélérat, qui , après avoir acquis une horrible célébrité, fruit du massacre d'un grand nombre de protestans, osa attenter aux jours d'un général connu par son dévoûment à la cause royale , parce qu'il voulait arracher quelques victimes de la fureur des brigands, a-t-il payé de sa tête ce crime qui couronna ceux qu'il se vante d'avoir commis ? »

« Il semble qu il y a une contradiction manifeste dans les réponses sur les quatrième et dixième questions. Au total , la déclaration du jury semble faite pour encourager les assassins. »

Les charges auxquelles j'ai répondu jusqu'ici étaient relatives au délit politique de sédition ou de provocation indirecte à la sédition. Une dernière accusation a été portée par le ministère public dans l'intérêt de douze particuliers qui ne se plaignent pas , c'est-à-dire des douze jurés de Nîmes dans l'affaire de l'assassin du général Lagarde.

Je n'examine point si le ministère public a le droit de se plaindre d'office en matière de calomnie ; je n'ai aucun intérêt à lui contester ce droit , et je ferai à cet égard les concessions les plus amples. Mais je me contenterai de remarquer que dans des causes de ce genre, le silence de la personne calomniée est au moins une preuve qu'elle n'attache par une grande importance à l'imputation dont elle est l'objet ; peut-être même pourrait-on en conclure que cette personne avoue par-là, d'une manière assez solennelle, la vérité des faits imputés, qu'elle sait bien ne pas pouvoir désavouer sans imposture.

Toutefois le ministère public ne peut avoir ici plus de droits que la partie dont-il veut défendre la réputation. Le langage que nous pourrions tenir à cette partie, si elle osait venir se plaindre dans cette enceinte, nous pouvons donc le lui adresser aussi.

Si les jurés qui ont acquitté l'assassin du général Lagarde etaient nos adversaires, nous leur dirions : De quoi vous plaignez-vous, et en quoi consiste la calomnie que vous nous reprochez ?

La calomnie est l'imputation d'un fait, d'après la définition de l'article 367 du code pénal. Or, quel fait vous avons nous imputé qui ne soit judiciairement et légalement prouvé ?

Nous avons dit que vous avez acquitté l'assassin du général Lagarde. Cet acquittement est-il une imposture ou une vérité ? si cet acquittement est une imposture, osez le nier ; mais vous n'oserez pas démentir à ce point votre propre conscience.

Vous demandez la preuve légale que cet acquittement a été fait par vous... Mais quelle preuve légale plus forte que le procès-verbal même de la cour d'assises que nous avons imprimé ? Arguez-vous ce procès-verbal d'inexactitude ? alors le tribunal nous autorisera à lever une expédition au greffe des procès-verbaux de la cour d'assises du Gard.

Mais, dira-t-on, la calomnie n'est pas dans la publication des questions et des réponses, mais dans ces mots de la note : *La déclaration du jury semble faite pour encourager les assassins.*

Ah ! c'est ici que les jurés de Nîmes seraient confondus s'ils avaient paru dans cette audience , car nous avons dans nos mains la preuve légale de la vérité de cette assertion , *que la déclaration du jury est propre à encourager le crime.* Cette preuve va résulter d'un jugement , d'un jugement solennel , d'un jugement rendu par la première cour du royaume , non pas dans l'intérêt d'un simple individu, mais dans l'intérêt de la société tout entière, à la requête du procureur général, gardien né de la morale, des lois et de la tranquillité de l'Etat.

En vertu d'un ordre formel donné par son Exc. le Garde-des-Sceaux de France , le procureur-général en la cour de cassation a requis , dans l'intérêt de la loi, l'annulation de la position des questions dans cette affaire de l'assassin du général Lagarde. La cassation a été prononcée par arrêt de la section criminelle du 10 mars 1817 (1).

Les motifs de cet arrêt sont très-développés; on y lit, entr'autres choses: « Le dépositaire de la force pu-
» blique est toujours présumé, lorsqu'il agit au nom
» de la loi, ne faire que ce qu'elle lui prescrit ou lui
» permet. Ce n'est pas aux individus sur lesquels il
» exerce ses fonctions à se rendre juges des actes de
» cet exercice, et moins encore à les réprimer. Aux
» seuls magistrats de la loi appartient ce pouvoir. Ad-
» mettre d'autres principes , ce serait non seulement
» contrevenir au code pénal, mais encore *énerver l'ac-*
» *tion de la force publique, encourager l'esprit de ré-*
» *bellion et désorganiser l'ordre social.* »

Maintenant, dirais-je aux jurés de Nîmes, s'ils étaient

_____

(1) Sirey, *Recueil général des lois et des arrêts.* 1817 , première partie, p. 188.

mes contradicteurs, pourvoyez-vous en calomnie contre votre propre déclaration, que le greffe conserve, et surtout contre la Cour de cassation, qui n'est point *étrangère au procès* (1), *qui en connaît les élémens, qui sait quelles circonstances ont dû déterminer le jugement, et qui tient dans ses mains cette balance de la justice, où sont la vie et la mort d'un citoyen.*

Avec de telles garanties, le sieur Scheffer ne cherchera point à s'excuser de l'indignation qu'il a partagée avec toute la France, en apprenant l'attentat horrible commis sur un général porteur des ordres d'un prince; attentat qui, après vingt-deux mois d'horribles souffrances, a privé la patrie et le prince de son intrépide fidélité.

Esprit général.

La voilà donc réduite à sa juste valeur, cette accusation si compliquée, et en apparence si redoutable. Vous le voyez; lorsqu'on nous a demandé des preuves légales, nous les avons données, nous avons produit aussi des preuves législatives d'une bien autre autorité que les jugemens et les arrêts. Dans tous les passages que le ministère public avait présentés comme séditieux, nous avons rétabli le véritable sens, non pas en changeant les expressions, en tourmentant les phrases, ni par la pénible substitution de pensées à d'autres pensées, de mots à d'autres mots; mais, au contraire, en circonscrivant les pensées par le langage même qui en est le signe, et le langage par la valeur rigoureuse des termes dont il se compose; partout vous n'avez vu sans doute, comme moi, que l'usage légitime d'une liberté constitutionnelle.

---

(1) Expressions du requisitoire de M. Marchangy.

Vous vous demandez sans doute comment le ministère public a pu voir un écrit incendiaire dans l'examen de quelques questions soumises, par leur nature,
à une discussion publique, et décidées par des faits incontestables et incontestés dans la moindre de leurs circonstances. Comment a-t-on pu voir un crime dans
l'émission de quelques vœux utiles, appuyés sur de
grandes autorités? N'est-ce pas déshériter la pensée de
son plus noble apanage, et dégrader la liberté de la
presse, que de les condamner l'une et l'autre à ne s'exercer jamais sur des objets utiles, et d'exclure de leur jurisdiction les abus des hommes et les imperfections des
lois?

Et moi aussi je vous dirai, avec le ministère public,
votre tâche est sublime! Oui, elle est sublime; car c'est
sur vous que reposent et la confiance de la loi, et l'espoir
de la constitution même, de la constitution, par qui
tout existe dans l'Etat, depuis les prérogatives de la
couronne, jusqu'aux droits du moindre des sujets. Si
vous avez à préserver le trône et la fortune de la France
de toutes les atteintes séditieuses, vous avez aussi à préserver les franchises nationales des entreprises ministé-
rielles, et le trône lui-même des malheurs qui suivent
toujours le silence forcé de la pensée.

Ne privez pas le monarque des moyens de connaître
sans déguisement toutes les vérités utiles; ne l'isolez pas
de son peuple par une barrière qui arrêterait au passage
et les vœux les plus nobles, et les plaintes les plus légitimes; faites que chaque citoyen, en sortant de cette
enceinte, emporte la conviction que les garanties constitutionnelles ne sont pas un vain mot; conviction utile
et noble, qui peut seule inspirer cette confiance dans
l'autorité, cette union des cœurs que les circonstances
rendraient si nécessaires.

Et quel écrit plus propre que l'écrit dénoncé, à faire chérir et respecter un ordre de choses où chaque citoyen peut communiquer, sans obstacle, avec les premiers pouvoirs de l'Etat comme avec le dernier des sujets? L'écrivain qu'on vous a peint comme frémissant de rage à la vue de toute légitimité, donne pourtant à chaque page des marques de son amour pour l'ordre, et de son respect pour la sagesse du monarque.

S'il désire de l'indépendance pour les députés, ce n'est pas pour en faire des vassaux des factions; car il déclare lui-même, aux pages 5 et 6, que l'indépendance d'un député consiste à ne dépendre ni des factions, ni de la puissance exécutive; il déclare que la Convention ne fut pas indépendante, et que les débats législatifs, anéantis sous le gouvernement impérial, ont pris, depuis la restauration, un caractère plus libre, plus national et plus utile.

S'il critique la chambre de 1815, ce n'est pas, comme on vous l'a dit, parce que cette chambre avait été convoquée par S. M.; car, quelques lignes plus bas, il rend hommage à la chambre de 1816, qui était royale aussi, et reconnaît en elle de l'attachement au bien public. S'il critique la loi de novembre 1815, ce n'est pas non plus parce qu'elle est royale; car il proclame que la loi des élections, qui est royale aussi, est la meilleure que la France ait obtenue.

L'auteur insulte, dit-on, à tous les objets de notre culte politique; et on n'a pu citer une seule phrase où il s'exprimât, sur le compte du prince, d'une manière irrespectueuse; tandis qu'il déclare que le roi, par sa sage ordonnance du 5 septembre, sauva la France.

Et d'ailleurs, quelles sont les plaintes, quels sont les

vœux qu'on remarque dans cet ouvrage proclamé naguère si dangereux ?

Il s'élève contre l'institution des préfets ; il réclame l'établissement d'un système municipal et provincial ; et ce système, fondé autrefois par Louis XVI, à qui nous devons tant d'utiles projets, n'est-il pas réclamé par la France entière ? les conseils généraux des départemens, organes immédiats des besoins populaires, n'en ont-ils pas voté le rétablissement ? Et le ministre de l'intérieur lui-même, dans un rapport récent fait à sa majesté, le fait espérer pour une époque peu éloignée.

Il réclame l'établissement d'une université par province ; et déjà ce vœu avait été prévenu par une ordonnance royale du mois de février 1815, dont l'exécution a été suspendue par la catastrophe du 20 mars.

On vous a peint l'auteur comme ennemi de notre gloire militaire, comme étranger aux lauriers, ainsi qu'aux affections de la France. Et cependant il consacre un chapitre entier de son ouvrage à solliciter de la sagesse du monarque, en faveur de cette brave armée qui a porté si loin la gloire de la patrie, une mesure qu'elle appelle de ses vœux les plus ardens, et qu'elle accueillerait avec la plus vive reconnaissance ; une mesure enfin, qui ferait disparaître jusqu'aux soupçons d'une méfiance humiliante : il sollicite le renvoi des troupes suisses, dont la présence parmi nous contrarie tout à la fois l'économie, la prudence et la justice.

Est-ce là se montrer l'ennemi de la nation française ? ou plutôt n'est-ce pas constater hautement de l'attachement pour elle, de se rendre l'organe de ses besoins et de ses vœux, que des députés fidèles répéteront bientôt dans la tribune nationale.

Ce ne sont pas là des vues hostiles que vous deviez redouter pour le prince et pour la patrie.

Depuis que la paix nous permet de sentir les suites de la guerre, les esprits s'agitent pour améliorer l'état existant, faire disparaître les monumens du despotisme militaire, et trouver, dans le retranchement des charges inutiles ou peu utiles, de quoi fournir, s'il se peut, cette longue carrière de sacrifices, dont la moitié encore n'est pas parcourue. Cette impulsion nouvelle, imprimée aux esprits, serait en vain niée : le langage unanime des écrivains, que le public accueille avec faveur, l'atteste assez. Les efforts qu'on ferait pour l'arrêter, ne pourraient qu'accroître son énergie. Il faut donc suivre les progrès du tems, et marcher avec la nécessité.

Ainsi, gardez-vous bien de voir dans ces cris de réforme et d'amélioration, les accens de la sédition. Lorsque des vœux uniformes que la loi n'a pas défendus, ont été long-tems exprimés par des hommes qui ne se connaissent pas ; lorsqu'au lieu d'être contrariés par l'opinion publique, ils ont été accueillis et confirmés par elle ; lorsqu'ils ont trouvé de nombreux approbateurs dans le sein des deux Chambres, où sont les vrais et légitimes organes des besoins nationaux, ne vous y trompez pas, c'est le cahier des doléances de cette immense majorité de Français qui pensent, qui travaillent, qui produisent, qui veulent indépendance au-dehors, au dedans la paix et la liberté, la liberté avec la Charte et sous la Charte, la Charte entière partout et pour tous ; population pacifique, amie des lois, ennemie des troubles et des révolutions, parce que les troubles tuent l'industrie, et mutilent toujours la véritable liberté : elle ne combat que par son improbation, mais cette improbation est comme la tête de Méduse, elle glace ceux qui la méprisent, et les frappe d'impuissance.

Magistrats, vous êtes citoyens comme nous ; vous partagez les besoins que nous éprouvons tous, vous ne sauriez condamner les hommes qui s'en sont rendus les organes.   *Signé* Mérilhou , *avocat.*

DÉFENSE

Prononcée par l'Accusé.

MESSIEURS !

En prenant la plume, pour écrire sur les grands intérêts des peuples, en me plaçant sur les rangs des nombreux défenseurs de la liberté constitutionnelle et de l'indépendance nationale, je ne croyais point avoir besoin de talens auxquels je ne pouvais prétendre. J'avais la conviction que l'impartialité, la bonne-foi et un amour ardent pour le bien public, joints à la force de la cause à laquelle je me fais gloire d'appartenir, pouvaient remplacer ce qui me manquait, et rendre utile la manifestation de mes idées, quoique dépouillée de la magie du style et de l'éclat de l'expression.

Maintenant aussi, en prenant la parole pour ajouter quelques mots à la défense que M. Mérilhou a bien voulu prononcer en ma faveur, je ne compte pas non plus sur mon talent pour entraîner votre conviction et pour effacer les traces que le plaidoyer du ministère public aurait pu laisser dans vos esprits. Dans ce plaidoyer, messieurs, vous aurez remarqué sans doute des attaques auxquelles celui seul contre lequel elles sont dirigées peut répondre. En essayant donc de défendre

mon ouvrage et de repousser cette partie du discours
de M. l'avocat du roi qui tend à me présenter sous un
faux jour, c'est sur la bonté de ma cause que je fonde
ma confiance, et d'avance je réclame votre indulgence,
si mon accent, si mes expressions ne sont point aussi
français que mon opinion et mon cœur.

Avant d'entrer dans la justification de mes principes,
permettez-moi, messieurs, de vous faire une observa-
tion sur un principe posé par M. l'avocat du roi, et
qui, s'il était reconnu, rendrait impossible désormais
la défense d'un écrivain accusé en vertu des lois d'exception. « Il ne vous suffira point, a-t-il dit, de connaître quelques passages ; quelques fragmens épars de
la brochure du sieur Scheffer, vous la lirez tout entière dans le calme de vos délibérations, et l'impression
que vous fera cette lecture attentive mettra votre conscience sur les traces de la loi. »

Si ce principe était appliqué dans notre législation, il
me faudrait, pour me disculper, lire mon ouvrage entier et discuter jusqu'au titre ; il faudrait, pour défendre
une brochure, composer des volumes, et pour défendre
un volume, en écrire vingt autres. Ce serait en vain
alors que je prouverais l'innocence des passages cités,
je resterais toujours exposé à me voir condamner sur la
partie dont il n'est point fait mention dans les conclu-
sions du ministère public, et dont par conséquent je n'au-
rais pu entreprendre la défense. Je croirais donc faire
injure au tribunal si j'exprimais la crainte qu'après avoir
prouvé ma non-culpabilité sur les points indiqués par
l'avocat du roi, je pourrais être condamné sur d'autres
qu'il aurait passés sous silence. (1)

_____

(1) On verra dans le jugement que ce que je craignais est

Les passages, messieurs, qui ont fourni les chefs d'accusation sont au nombre de six. Qu'il me soit permis
d'ajouter quelques mots à la discussion lumineuse de
mon défenseur.

Le premier chef d'accusation est indiqué si va-
guement, que j'éprouve de la difficulté à y répondre.
Suivant le ministère public, je suis censeur amer, con-
tempteur ironique de tout ce qui mérite notre vénéra-
tion et nos hommages; je m'extasie et je prolonge mon
admiration *séditieuse* devant les événemens les plus funestes et les causes les moins cachées de nos longues
infortunes; j'appelle le mépris de la postérité sur les
chambres des députés convoqués par Louis XVIII; je
cherche à diffamer, par de monstrueuses imputations,
la plupart de ceux qui les composaient; mais, en re-
vanche, je réclame la reconnaissance publique pour
toutes les assemblées illégales et les insurrections. Des
actes de révolte, des anniversaires hostiles sont étalés
par moi avec emphase aux yeux d'une monarchie ré-
générée, comme pour braver son pouvoir et insulter
aux objets de notre culte politique.

Voilà une série de griefs qui, fondés, semblent devoir attirer sur ma tête un châtiment sévère. Étonné que
M. le substitut du procureur du roi ait négligé même
d'*indiquer* les passages qui renferment tous ces délits, je
les ai cherchés, et, je l'avoue, je n'ai pu les trouver. Où
donc ai-je prolongé mon *admiration séditieuse devant*
les événemens les plus funestes et les causes les moins
cachées de nos longues infortunes ? Ne croirait-on pas

_____

arrivé, et que j'ai été condamné, non passages sur les préjugés que
le ministère public avait signalés comme coupables, mais aussi
sur d'autres dont il n'avait point été fait mention et sur lesquels
je n'avais pu être défendu.

que je suis apologiste aussi odieux qu'insensé du 10 août,
du 2 septembre, du 18 fructidor, etc., etc. Non, messieurs, vous savez que je parle de ces événemens funestes avec la douleur et les regrets que je partage avec
tous les amis de l'humanité, avec tous les *Français*. Et
quant *aux causes les moins cachées de nos longues infortunes*, si je les expose, c'est pour regretter qu'elles
aient influencé nos destinées, empêché le bien et produit le mal. Ces causes, M. l'avocat du roi ne les a
point indiquées, et j'imite sa réserve. Il n'est point nécessaire d'ailleurs de répéter ce que j'ai dit sur ces
causes dans mes autres écrits.

*Je réclame la reconnaissance publique pour toutes
les assemblées illégales et les insurrections.* Cette assertion, vous êtes à même de la juger. Ce n'est point
ici, messieurs, que je dois discuter sur l'*illégalité*
des assemblées dont j'ai parlé. Mais si M. le substitut
du procureur du roi entend, par cette qualification, les
corps représentatifs de la republique et ceux de l'empire, je puis prouver de quelle manière j'ai réclamé
pour eux la reconnaissance publique, en citant le
passage de mon écrit où il en est question :

« L'assemblée législative, qui succéda à l'assemblée nationale
constituante, ouvrit la longue liste des corps représentatifs soumis à des factions ou au pouvoir. Elle perdit son indépendance
après la journée du 20 juin ; subjuguée par les jacobins, qui
avaient appelé à leur secours une troupe de brigands du midi,
sous le nom de *Marseillais*, elle abolit la royauté, qu'elle aurait
dû défendre, et la constitution, à laquelle elle avait juré fidélité.
Elle osa cependant rejeter un décret d'accusation contre La
Fayette, qui, inébranlable dans son attachement à la liberté constitutionnelle, avait dénoncé les jacobins, et s'était présenté *seul* à
la barre de l'assemblée pour demander justice de l'attentat du 20
juin. Mais ce fut là le dernier acte d'indépendance de l'assemblée
législative ; bientôt elle ne fit plus qu'obéir à la commune formée

le 10 août, à cette commune qui eut pour dignes auxiliaires les *massacreurs* de septembre.

«La convention, dont les membres avaient été élus sous l'influence des jacobins, servit d'instrument au hideux despotisme de la faction de *la montagne*; et, en proscrivant les hommes illustres qui composaient la minorité, elle sembla proscrire la liberté elle-même.

«Sous le directoire, les conseils des cinq-cents et des anciens ne jouirent que peu de tems de l'indépendance garantie de la liberté publique. Les ennemis de la révolution et le gouvernement britannique, principalement par les soins de M. Wickham, redoublèrent d'efforts pour détruire cette indépendance en corrompant les élections. Bientôt des factieux disposèrent à leur gré de la représentation, violée dans la journée du 18 fructidor, et se servirent d'elle-même pour faire condamner à la déportation ceux de ses membres qui étaient restés fidèles à leurs devoirs et à la cause de la liberté.

» Pendant le consulat, on vit les prétendus représentans de la nation violer d'abord le serment qu'ils avaient fait à la constitution en vertu de laquelle ils étaient convoqués, en créant le consulat à vie; et bientôt après la détruire entièrement, en reconnaissant le premier consul comme empereur.

» Les factions, les ambitieux avaient trouvé, sous la république, des assemblées dont la majorité docile soutenait leur despotisme; mais alors, au moins, une minorité courageuse osait élever une voix hardie, au risque de voir sa noble résistance punie par la hache du bourreau, ou par une mort plus douloureuse dans les déserts pestilentiels de la Guyane.

Sous l'empire, le système représentatif fut éludé ou détruit; les assemblées furent réduites au silence; le seul corps qui pût parler ne tarda pas à être *éliminé*, puis anéanti. Dès-lors le sénat conservateur et les corps législatifs semblaient avoir pris à tâche de surpasser en servilité le sénat dégénéré et avili de Rome, tombée sous le despotisme des Tibère et des Néron. On vit ces *représentans* de la nation française sacrifier à l'ambition d'un homme les trésors, alimens de l'industrie, et les générations, espoir de la patrie. Et telle était la bassesse des corps législatifs, et le mépris dans lequel ils étaient tombés, que la protestation de cinq députés contre des mesures qui entraînaient la ruine de la France, excitèrent une surprise et une admiration qui assurent à ces citoyens généreux la reconnaissance de leurs compatriotes, et qu'elle doit faire époque dans notre histoire.

« Le gouvernement provisoire, établi après la première abdication, trouva les mêmes sénateurs et les mêmes députés, qui avaient
rampé sous Bonaparte, disposés encore par habitude à acquiescer
à toutes ses mesures. »

Certes, messieurs, voilà une étrange manière de
réclamer pour ces assemblées la reconnaissance publique. Quant aux insurrections, comme après de
longues recherches je n'ai pu trouver le passage où je
réclame pour elles la reconnaissance publique, je prie
M. l'avocat du roi de vouloir bien m'indiquer où il a
pu trouver la matière d'une si étrange imputation.
Vous connaissez l'écrit qui m'amène de devant vous,
il est donc inutile de prouver, par des citations qu'il
serait facile de multiplier, que bien loin de me montrer ami du désordre et des insurrections, je partage
l'opinion de tous les amis de la patrie, sur ces événemens désastreux.

Le second chef d'accusation est d'avoir donné à une
loi de la chambre dissoute par l'ordonnance du 5
septembre, la dénomination de *seconde loi des
suspects*. Je n'ai fait que citer un illustre pair de
France, célèbre par ses vastes connaissances en législation, comme par son noble caractère et son attachement invariable à la liberté constitutionnelle. Certes,
quand M. Lanjuinais croit pouvoir appeler *seconde
loi des suspects* une loi d'exception présentée comme
telle, et qui en effet n'existe plus, il nous est permis de
croire qu'on peut répéter cette expression sans ou-
trager le roi et la nation. Les lois d'exception ne peuvent être regardées comme lois fondamentales de l'état:
et s'il était nécessaire, je prouverais par l'exemple des
députés revêtus de la confiance publique, et des écrivains les plus célèbres, que le respect qu'on doit à
ces lois se borne à leur obéir.

Le troisième point qui, selon l'avocat du roi, me place sous la jurisdiction de la loi du 9 novembre, comme ayant *excité à désobéir au roi et à la Charte constitutionnelle* est le passage où, après avoir parlé de la conduite de la Chambre des représentans convoquée dans les trois mois de 1815; j'ajoute dans une note : « Cette Chambre fut courageuse jusqu'au dernier jour, et le 8 juillet encore elle en donna une preuve remarquable par la protestation de ce jour. »

Je commence par avouer franchement que j'ai de la difficulté à rattacher ce passage à la loi redoutable du 9 novembre, quelle que puisse être l'étendue de sa jurisdiction, et que je ne saurais comprendre comment j'ai voulu exciter à la desobéissance au Roi et à la Charte en louant le courage d'une assemblée qui n'existe plus.

M. le substitut du procureur du roi me fait un crime d'avoir fait un éloge pompeux de la chambre des repsésentans ; il convient cependant que quelques-uns, et même le plus grand nombre de ses membres, n'ont pas voulu laisser le champ libre à l'usurpateur, et songeaient dans l'absence du roi, à garantir les intérêts de son peuple contre les entreprises du despotisme aux abois. M. le substitut du procureur du roi ne s'est-il donc point apperçu que nous nous sommes rencontré dans l'objet de mon éloge? En effet, si vous vous rappelez, messieurs, le passage en question, je n'ai pas besoin de prouver que ce n'est point la chambre des représentans adoptant l'acte additionnel que j'approuve, mais bien la chambre adoptant la motion de l'illustre vétéran de la cause de la liberté des deux mondes, du général La Fayette, motion qui a entraîné la seconde abdication; mais bien la chambre résistant au despotisme; aussi courageuse dans la défense de la liberté que dans ses efforts pour l'honneur et l'indépendance nationale.

C'est sous ces rapports, messieurs, que j'ai fait l'éloge de la chambre des représentans de 1815; c'est pour ces causes mêmes que j'ai dit qu'elle fut la seconde de nos assemblées qui conservèrent leur *indépendance*. Je n'ai nullement besoin de manifester ma désapprobation ou mon approbation sur les divers actes de cette assemble. Mon défenseur vous a prouvé, j'ose le croire, qu'on peut louer la conduite tenue par un homme ou plusieurs hommes dans une occasion, sans approuver leur conduite en toute autre. Il vous a cité à l'appui de cette opinion, des faits qui doivent entraîner votre conviction; permettez-moi de citer une autorité que vous ne récuserez pas.

Cette autorité, messieurs, est celle de S. M. Louis XVIII, qui, rentrant dans la capitale de la France, a pris pour ministre de la police générale M. le duc d'Otrante. Certes, en donnant une si grande preuve de confiance à ce ministre, S. M. a approuvé sans doute la conduite tenue par lui pendant les trois mois, et lorsque l'ennemi était devant nos murs ; mais , S. M. n'a point approuvé le vote regicide., et les noyades de Nantes, et les massacres de Lyon. S. M., en donnant le portefeuille du ministère de la marine à M. le comte Molé, a voulu récompenser sans doute des services rendus à l'état par S. Ex., mais elle n'a point pensé approuver un des rédacteurs et des signataires des actes additionnels, dont le premier article demandait l'exclusion de la famille des Bourbons. Il me serait facile de multiplier les exemples et de vous prouver que dans tous les ministères et dans les tribunaux mêmes, S. M. a nommé ou confirmé des hommes qui n'en sont pas moins respectables pour avoir signé les *actes addition-nels*, et siégé dans les conseils et dans les tribunaux des trois mois.

Mon défenseur vous a lu l'acte auquel j'ai donné la qualification de courageux, qui attire sur moi l'épithète de séditieux. Cet acte, je ne veux point ici en discuter le mérite; mais tout le monde sait que la réunion de 250 re-présentans qui signèrent le procès-verbal du 8 juillet n'était point un rassemblement *illicite*, *arbitraire*, *in-constitutionnel*, ni *ténébreux*. Elle eut lieu publique-ment; un journal en publia le procès-verbal; le cas où elle se trouvait n'était point prévu par la charte consti-tutionnelle; et quant à l'épithète d'*arbitraire*, je n'ai jamais entendu dire qu'elle ait lézé les droits d'aucun citoyen.

Je suis accusé aussi d'avoir dit que les lois d'excep-tion entraînent la chûte des gouvernemens. Eh! mes-sieurs, si cette opinion constitue un délit, je crains que bientôt le premier écrivain politique de l'Europe, le dé-fenseur le plus ardent de nos libertés et des droits cons-titutionnels, ne soit cité devant votre tribunal, car l'écrit intitulé *des Elections prochaines*, renferme la même opinion, exprimée seulement avec l'immense supériorité du talent de M. Benjamin Constant.

Le plaidoyer qui a été prononcé en ma faveur a dû vous prouver, messieurs, qu'en exprimant le vœu de voir *nos représentans prendre envers les ennemis un lan-gage propre à leur inspirer le respect et la crainte*, je n'ai point la prétention d'attaquer la prérogative royale. *Je n'ai point enjoint aux députés d'aviser, indépendam-ment de la volonté du roi, aux moyens de renvoyer les étrangers*. Tout Français, messieurs, fait les vœux les plus ardens pour que cet événement ait lieu le plutôt

possible ; mais je ne sais point pourquoi je demanderais
que ceci eût lieu indépendamment de la volonté du roi.
Cette expression, sortie de ma plume, aurait été une injure faite au monarque , aurait dévoilé le soupçon que
le roi de France ne désire point l'indépendance et la
prospérité des Français.

Au reste , messieurs , je n'ai pas besoin de m'excuser
sur ce point. M. l'avocat du roi convient lui-même
que si *un Français* eût tenu ce langage , il n'aurait encouru qu'une simple remontrance. Or , messieurs , je
suis Français; j'ose croire que mes droits à ce titre vous
ont été prouvés suffisamment. Je ne m'arrêterai point
sur l'accusation de calomnie envers les individus com-
posant le jury qui a acquitté l'assassin du général Lagarde ; je vous observerai seulement que si leurs noms
se trouvent en lettres capitales , c'est le prote de l'im-
primerie qu'il faut en accuser; je déclare n'y être pour
rien.

Quand à l'autre accusation en calomnie , M. l'avocat
du roi a bien voulu m'interdire toute défense; il n'a
point voulu que je me livre à prouver ce que j'ai avancé,
en rapportant des oui-dire , des allégations non authen-
tiques; telle n'a jamais été mon intention. Si j'ai commis une erreur , messieurs , en attribuant au gouvernement le monopole des grains , vous reconnaîtrez
que cette erreur est excusable , puisqu'un pair de
France , M. le duc de Fitz-James, la partage , et vient
de l'émettre avec plus de force que je n'ai pu le faire ;
et certes si M. le duc de Fitz-James n'est point coupable,
je ne crois point avoir encouru de peine. Vous jugerez
facilement , messieurs , que je n'ai point prétendu
exciter au renversement du gouvernement en parlant
du monopole des grains. Non, messieurs, je n'ai fait que

reproduire un principe d'économie politique, émis par
tous les écrivains publics qui ont traité cette science; et
s'il fallait prouver qu'il n'y a point de malveillance de
ma part, je vous rappellerais que je n'ai cité aucun *fait*
relatif au monopole, ce qui cependant m'aurait été facile.
Vous verrez surtout que je n'ai point voulu faire au gouvernement le ridicule reproche de n'avoir pu prévoir
l'intempérie des saisons, et une année malheureuse.

Au reste, messieurs, si ces chefs d'accusation me paraissent d'une grande faiblesse, je crois que M. l'avocat
du roi partage sur ce point mon opinion. Si mon ouvrage avait parlé contre moi, si au lieu d'être écrit
avec modération et dans des intentions louables, il
était conçu dans l'esprit que M. l'avocat du roi lui a
prêté, le ministère public m'aurait accablé, il ne faut
point en douter, par mes propres expressions, qui lui
auraient fourni des argumens irrésistibles. Il aurait attaqué mes opinions, il n'aurait point eu besoin d'attaquer ma personne, et de chercher à me rendre l'objet
du mépris public, et de me présenter comme un per-
sonnage ridicule.

Il ne m'aurait point prêté gratuitement l'intention de
régenter, à vingt-un ans, les peuples et les rois. Non,
messieurs, telle n'est point ma prétention ; ce que je
veux, c'est exprimer avec franchise l'opinion de l'immense nombre de mes contemporains, qui, comme
moi, ne désirent rien aussi ardemment que la liberté et
l'indépendance de leur patrie.

Non, messieurs, il ne me manque point, pour figurer
parmi les ennemis de la France, *l'habitude de porter les
armes.* Cette habitude, j'espère l'acquérir un jour sous
les drapeaux français. Et certes, je crois l'avoir prouvé;
j'ai l'amour de ce pays, j'ai le sentiment de sa renommée militaire, et il serait à désirer peut-être que tout

habitant de la France partageât tous mes sentimens à cet égard.

Certes, messieurs, si mon ouvrage avait fourni des armes contre moi, M. l'avocat du roi n'aurait point cherché à me donner l'odieux caractère d'un *prête-nom*. Mon âge ne peut avoir servi de prétexte à cette accusation. M. l'avocat du roi peut-il ignorer qu'il y a en France des écrivains, mes contemporains, qui ont déjà su attacher à leur nom une juste célébrité? Je pourrais en citer parmi les personnes qui sont venues entendre votre décision, dont la jeunesse s'allie avec la renommée, et auxquels M. l'avocat du roi ne pourra ôter la propriété de leurs ouvrages. Quant à mon peu d'habitude de la langue française, si, selon M. l'avocat du roi, j'en ai fait preuve dans mon langage, j'en ai fait preuve aussi dans mes écrits, et cette circonstance même prouve que j'en suis l'auteur. Je défie d'ailleurs M. l'avocat du roi d'indiquer seulement, de la manière la plus vague, un autre nom, un autre auteur. La police, auprès de laquelle il peut puiser des renseignemens, aurait pu lui épargner une assertion qui, dans le moment où elle fut prononcée, excita d'autant plus mon indignation, que le caractère d'un *prête-nom* me paraît vil et méprisable.

Enfin, messieurs, si mon ouvrage était fait pour me priver de la faveur publique, M. l'avocat du roi se serait-il attaché à m'en priver, en cherchant à prouver que je suis hors du droit commun, que je ne suis point Français ? Mon défenseur a développé tous mes droits à ce titre : il est donc inutile de les reproduire. Permettez-moi seulement de vous dire que, Français par tous les liens qui attachent un homme au pays qui l'a vu naître, je prétends garder ce titre jusqu'à mon dernier jour. Oui, dans quelque position que je puisse me trouver, dans les cachots, au milieu des ennemis de la France, je ne nierai jamais le caractère d'un Français. Et si jamais un cri sort de ma bouche, ce sera celui de VIVE LA FRANCE !

On trouve chez le même libraire les ouvrages de l'auteur, ainsi qu'il suit :

Tableau politique de l'Allemagne,
    1 vol. in-8,   prix, 2 fr.

Essais sur quatre grandes questions
    politiques, in-8.   1 fr. 50 c.

Essai sur la politique de la nation
    Anglaise et du gouvernement
    Britannique, in-8.   2 fr.

Considérations sur l'état actuel de
    l'Europe, in-8.   2 fr. 50 c.

OUVRAGES NOUVEAUX.

LE COURRIER DES CHAMBRES, par M. DE SAINT-AULAIRE. Cet ouvrage paraîtra par cahier de quatre à cinq feuilles, et il contiendra tout ce qui se passera aux Chambres des Députés et des Pairs, avec des Notes historiques sur les principaux membres : prix, pour chaque cahier, 1 fr. 25 c. — Les 1rs., 2e., 3e. et 4e. cahiers ont paru ; le 5e. sera incessamment en vente.

La plus grande impartialité préside à cette opération, qui jouit déjà d'un certain succès. On trouvera dans cet ouvrage tous les discours *textuels* des orateurs qui parlent *pour* ou *contre* les projets de loi, tant à la Chambre des Députés qu'à celle des Pairs.

CAMILLE, tragédie en 5 actes et en vers, précédée d'un Discous prélim, ; par M. *Desquiron de St.-Agnan*, 1 v. in-8. ; 2 fr.

HISTOIRE DE LA CAMPAGNE FAITE EN 1799, EN HOLLANDE, traduite de l'anglais par M. Mac-Carthy, auteur des *Campagnes* de 1796, 1797, 1798 et 1799, en Italie et en Allemagne ; 1 vol. in-8., avec des notes critiques et orné d'une carte coloriée : prix, 6 fr.

LE MINISTÈRE VENGÉ, ou *Apologie victorieuse de la nécessité d'une législation de la presse, des lois, ordonnances et règlemens sur la presse, et de la loi du 9 novembre 1815, dans ses applications aux écrits ;* par un *Constitutionnel salarié*, in-8. : prix, 2 fr.

Observations relatives au projet de loi sur le recrutement, par C. A Scheffer, auteur de l'*Etat de la liberté en France*, ouvrage qui a été saisi et dont l'auteur est en jugement ; in-8. : 1 fr. 25 c.

Situation administrative de la France, et moyen de donner aux finances une prospérité réelle et d'acquitter les dettes de l'Etat, ouvrage présenté aux Chambres par le chevalier A. Philipin, ex-sous-préfet et ancien secrétaire particulier de *Carnot ;* 1 vol in-8°. : prix, 1 fr. 50 c.

L'Evangile et le Budget, ou *les réductions faciles*, par l'auteur de *Voltaire jugé par les faits ;* 1 vol. in-8. : prix, 2 fr.

Des Concordats de 1517, entre François Ier. et Léon X ; et de 1817, entre S. M. Louis XVIII et S. S. Pie VII ; par M. Hutteau l'aîné, avocat au Parlement de Paris et ancien magistrat ; 1 vol. in-8. Prix, 2 fr.

OUVRAGES SOUS PRESSE.

VOYAGE A L'EMBOUCHURE DE LA MER NOIRE, ou *Essai sur le Bosphore et une partie du Delta de la Thrace,* par M. le lieutenant-général comte Andréossy, 1 vol. in-8., avec un atlas.

www.ingramcontent.com/pod-product-compliance
Lightning Source LLC
Chambersburg PA
CBHW071239200326
41521CB00009B/1550